もし諸葛孔明が日本の総理ならどうするか？

公開霊言 天才軍師が語る外交＆防衛戦略

大川隆法
RYUHO OKAWA

まえがき

一読して、「痛快《つうかい》」といった印象を持たれる方が多いだろう。ロジカル（論理的）でもあり、同時に、戦略性、兵法性も高いと言ってよいだろう。

明治維新の志士は現代日本に数多く生まれ変わっているので、勝海舟として転生した諸葛孔明も現代日本に若者として転生しているかもしれず、劉備玄徳《りゅうびげんとく》が生まれ変わった坂本龍馬も、あるいは、もうすぐ現代日本の政治経済の舞台に出てくるような気がしてならない。

勝負の十年である。日本を二流国に転落させて、謝罪外交を続けたいような、負け犬根性の政治屋に、この国を委《ゆだ》ねたくはないものだ。

とにかく人材の輩出《はいしゅつ》である。本書がそのための一助となることを願う。

二〇一一年　五月十二日

幸福《こうふく》の科学《かがく》グループ創始者兼総裁《そうししゃけんそうさい》
HS政経塾名誉塾長《せいけいじゅくめいよじゅくちょう》
大川隆法《おおかわりゅうほう》

もし諸葛孔明が日本の総理ならどうするか?　目次

もし諸葛孔明《しょかつこうめい》が日本の総理ならどうするか?

二〇一一年二月十七日　諸葛亮孔明の霊示

CONTENTS ◆もくじ

Chapter 1

今、日本に必要な国防・外交戦略

Chapter2

国を富ませるための秘策

3 日本は「経済開国」すべし――90

Chapter3

本物の人材を生み出すために

「霊言現象《れいげん》」とは、あの世の霊存在の言葉を語り下ろす現象のことである。これは高度な悟りを開いた者に特有のものであり、「霊媒現象《れいばい》」（トランス状態になって意識を失い、霊が一方的にしゃべる現象）とは異なる。また、外国人霊の霊言の場合には、霊言現象を行う者の言語中枢《ちゅうすう》から、必要な言葉を選び出し、日本語で語ることも可能である。

もし諸葛孔明が日本の総理ならどうするか？

二〇一一年二月十七日　諸葛亮孔明の霊示

諸葛亮孔明《しょかつりょうこうめい》（一八一〜二三四）

中国・三国時代に活躍《かつやく》した軍師。前世《ぜんせ》はカルタゴの将軍ハンニバル。近年は幕末の日本に勝海舟《かつかいしゅう》として転生《てんしょう》した。

司会

江夏正敏《えなつまさとし》（ＨＳ政経塾《じゅく》塾長）

質問者

彦川太志《ひこかわだいし》（ＨＳ政経塾生）

湊侑子《みなとゆうこ》（同右）

城取良太《しろとりりょうた》（同右）

［役職は収録時点のもの］

プロローグ

「未来へのヒント」を探《さぐ》る

大川隆法　昨日（二月十六日）、私は『もしドラッカーが日本の総理ならどうするか？』（ＨＳ政経塾刊）という本の原稿《げんこう》の校正をしていました。二百万部売れるかどうかは知りませんが（笑）、自分で読んでいて、そこそこ面白《おもしろ》く感じたのです。

ただ、ドラッカーは経営学者なので、もう一つ、今、幸福実現党が力を入れている外交や防衛的な面については、それほど強くはないだろうと推定されます。

そこで、「三国時代の天才軍師・諸葛亮孔明《しょかつりょうこうめい》が、もし、今の日本の舵取《かじと》りをするとしたら、どう考えるか」ということを訊《き》いてみたいと思います。これは、面白い「イフ」でしょう。ただ、彼が最近のいろいろな総理よりも上であることは、ほぼ間違《まちが》いないと思われます。

もし、そのなかに「未来へのヒント」があったならば、私たちにとっても面白いし、国にとっても役に立つ可能性が高いでしょう。

また、私たちが中国等の脅威《きょうい》を訴《うった》えているところに孔明をぶつけるというのは、それなりの面白さがあります。彼が、「困ったな」と言うかどうかは分かりませんが、忠実で義理堅《がた》い方《かた》ですので、依頼人《いらいにん》の気持ちにはきちんと応えてくれるのではないかと思います。先般《せんぱん》のインドの神様ほど目茶苦茶ではない〔注1〕と推定されるので、きちんとこちらのニーズに合わせてくださるでしょう。

質問者であるHS政経塾生〔注2〕の力が十分かどうかは分かりませんが、学生に近い気持ちで訊くことで、かえって分かりやすい話がしやすくなれば、それはそれで結構なことです。日本の人々のために、できるだけよいヒントを探《さぐ》り当てることができればと思います。

それから、『三国志』では、孔明というのは軍略が強かったように思われていることも多いのですが、「現実には、兵法もさることながら、本当は宰相《さいしょう》としての能力のほうが高く、内政に強かった」という説もかなり有力なので、おそらく、通説とは違った、そちらのほうの面も持っているだろうと思われます。

あのような時代は、国力を富まさなければすぐに滅《ほろ》びるので、内政のほうも意外に重要なのです。そういう意味で、オールマイティーなところのある人だと思います。

この人が生きている間は、蜀《しょく》の国は滅びませんでしたが、亡《な》くなったあとは、やはり存続が厳しくなりました。そのように、国は一人の力で興《おこ》り、一人の力で衰《すい》退《たい》していくものです。したがって、一人の頭脳のなかに、参考になる考えがあり、それを使うことができたならば、ある程度、未来を変えられる可能性もあると思います。

（質問者に）それでは、よろしいですか。

一回の収録で本を一冊つくってしまうという贅沢《ぜいたく》な企画《きかく》なので、頑張《がんば》ってくださいね。

諸葛亮孔明を招霊《しょうれい》する

（合掌《がっしょう》し、瞑目《めいもく》する）

中国『三国志』の英雄《えいゆう》にして、天才軍師・諸葛亮孔明の霊《れい》よ。

中国『三国志』の英雄にして、天才軍師・軍略家・諸葛亮孔明の霊よ。

どうか、幸福の科学総合本部に降りたまいて、「今、自分が日本の総理大臣だったならば、こうする」ということをお説きくださり、われらに、この国のあるべき姿、また、政治的指導者として、この国の人々を導くべき方向をお示しくださることを、心の底よりお願い申し上げます。

われらは、謙虚《けんきょ》に心を開いて、お言葉を学びたいと思います。

天才軍略家・諸葛亮孔明の霊よ、どうかわれらに、ご教示《きょうじ》賜《たまわ》りたく、お願い申し上げます。

（約二十五秒間の沈黙《ちんもく》）

諸葛孔明　うん。

江夏　孔明先生、本日は、ご降臨まことにありがとうございます。

諸葛孔明　うん。

江夏　孔明先生におかれましては、要所要所で、当会にご指導を賜り、まことにありがとうございます。

諸葛孔明　うーん。

江夏　私はＨＳ政経塾の江夏と申します。

諸葛孔明　うん、うん、うん。君、君、君ね。

江夏　はい。

諸葛孔明　僕《ぼく》の部下だったことがあるんだよ。

江夏　ああ、そうですか。

諸葛孔明　うん。だから、今、いい立場に入っているよ。

江夏　ありがとうございます。

諸葛孔明　うん、うん、うん。いずれ教えてあげるがな。

江夏　はあ、よろしくお願いします。

諸葛孔明　本が売れたら教えてあげよう。

江夏　頑張ります（会場笑）。

諸葛孔明　フフフ。

江夏　昨今の政治情勢を見ると、日本の国民は、かなり、失望と心配をしております。そのため、日本の本来の潜在力《せんざいりょく》が発揮されていないように思います。

諸葛孔明　うーん。

江夏　そこで、本日は、「もし、孔明先生が日本の総理大臣であったらどうするか」という設定で、ご指導を賜りたく思います。

日本は二十年前に目標を見失った

諸葛孔明　うん。まあ、目標を見失ったかな？　そんな感じがするねえ。日本は、二十年前に目標を見失ったな。

二十年前に、今日のテーマではないが、「もし、日本がアメリカを追い越《こ》したらどうするか」というようなテーマに答えられる人がいなかったために、「退却戦《たいきゃくせん》」に入ったね。それに答えられる人が必要だったのに、そういうときに消極的な人が総理大臣になって、「この国は、風船のように膨《ふく》らんで、潰《つぶ》れるのではないか」と恐《おそ》れたわけだ。そういう人たちの失敗だろうねえ。

あのころに、もっと若い人たちを指導者に選んでおれば、日本はまだ伸《の》びたのだろうが、それほど若い人たちでなかったのが大きかったね。だから、主として、宮澤さんからあとの二十年は、ほとんど、〝中国に抜《ぬ》いてもらうための二十年〟だったように見えるな。

中国は、一九九〇年からあと、要するに、天安門事件《てんあんもんじけん》以降、変わったよね。向こうが、それからあと、どう変わったかを、日本のほうは十分に研究していなかったなあ。

すべては、「考え方」なんだよ。だから、一国の総理が間違った考えを持っておれば、やはり、どうにもならないわな。

20年前に目標を見失った日本

日本と中国の名目GDPの推移

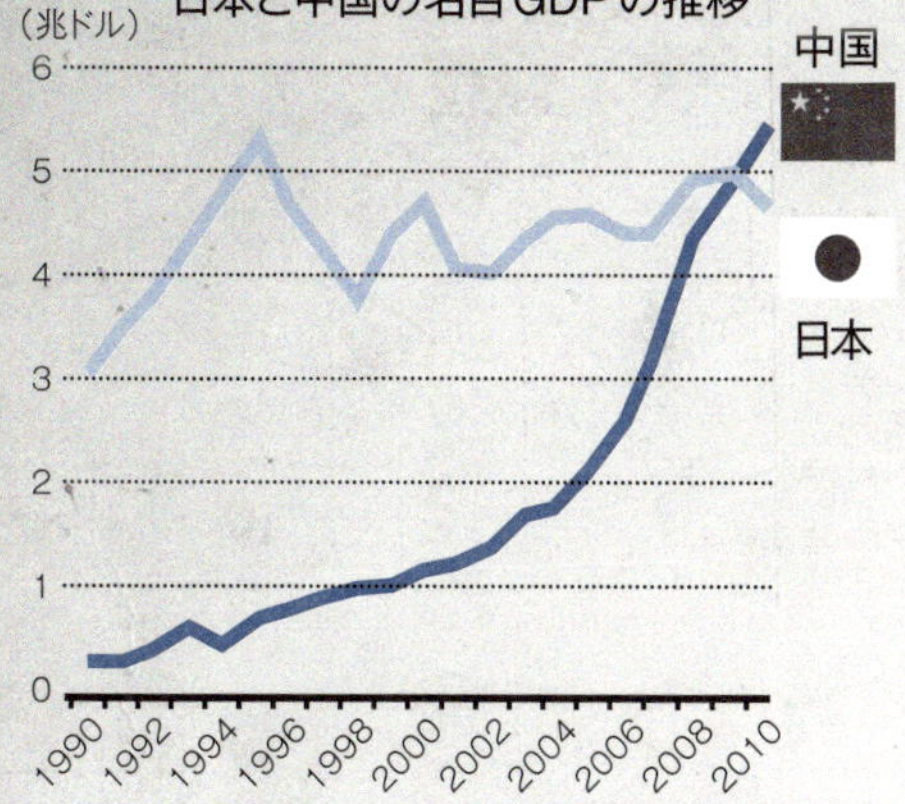

「もし、アメリカを追い越したら、どうする?」
……このテーマに答えられる指導者がおらず、「退却戦」に入った。

⇩

中国に抜いてもらうための20年に……。

すべては「考え方」次第。一国の総理が間違った考えを持っていては、どうにもならない。

まあ、言うべきことはたくさんあるだろう。質問者のレベルに合わせてお答え申し上げようかねえ。

江夏　では、よろしくお願いします。

諸葛孔明　うん。

[注1] 二〇一一年二月八日と九日、幸福の科学総合本部にて、「ヒンドゥーの神々を探《さぐ》る」と題し、ヴィシュヌ、シヴァ(八日)、ブラフマー、クリシュナ(九日)の霊言《れいげん》を収録したが、クリシュナを除く三神は、当会に対し、当初、非協力的な態度であった。

[注2] HS(ハッピーサイエンス)政経塾とは、未来の日本を背負う、政界・財界で活躍《かつやく》するエリート養成のための社会人教育機関。既成《きせい》の学問を超《こ》えた仏法真理《ぶっぽうしんり》を学ぶ「人生の大学院」として、地上ユートピア建設に貢献《こうけん》する本物の人材を多数輩出《はいしゅつ》するために設立した。

Chapter 1

今、日本に必要な国防・外交戦略

1 「お上頼《かみだの》み」の国・日本の危《あや》うさ

江夏　それでは、まず、塾生の彦川より質問させていただきます。

諸葛孔明　うん。

彦川　諸葛孔明先生、本日はご指導を頂き、本当にありがとうございます。
私は、ＨＳ政経塾塾生の彦川太志と申します。

諸葛孔明　うーん。

彦川　さっそくではございますが、私のほうからは、国防・外交問題について質問させていただければと考えております。

諸葛孔明　うーん、うん。

彦川　日本を取り巻く国際政治の最近の流れとして、アジアにおいては、日中関係のみならず、日露《にちろ》関係の悪化が懸念《けねん》されております。

諸葛孔明　うんうん。

彦川　一方、中東においては、チュニジアやエジプト等での政変が、世界情勢にどのような影響《えいきょう》を与《あた》えていくのかということが、非常に世界の注目を浴びております。

そこで、もし、孔明先生が日本の総理大臣であられたならば、こうした世界情勢のなかにおいて、どのように日本の舵取《かじと》りをし、また見通しを立てていかれるかを、ご指導いただければと思います。

諸葛孔明　うん。まあ、でも塾生ということであるし、塾長も来ていらっしゃることだから、そんなに簡単に答えてはよくないだろう。

君が総理だったらどうするんだい？

彦川　はい。私が総理でしたら、まず、日中関係をいちばんの問題と捉《とら》えます。特に、今、ロシアが北方四島に中国や韓国《かんこく》の企業《きぎょう》を誘致《ゆうち》して開発を進めている状況《じょうきょう》があります。

諸葛孔明　うーん。

彦川　このように、今、日本を封《ふう》じ込《こ》めるような態勢が取られていると思うので、そうならないように、日米同盟のみならず、まずは日露関係をしっかりと改善していき、さらに、インド、オーストラリア、韓国などの国々と共に、経済・軍事の両面において中国を封じ込めていく態勢をつくっていきたいと考えます。

「どこが日本を切り取るか」という危険性がある

諸葛孔明　うーん。まあ、ロシアとの関係については、すでにチャンスを逃《のが》したんだよなあ。

つまり、ソ連が滅《ほろ》びて、いろいろな共和国が独立し、ロシアは、エリツィンの時代になって、プーチンが引き継《つ》いだ。プーチンは親日派だったので、経済の立て直しで日本の力を借りたい気持ちはそうとうあったのに、日本は積極的に力を貸してやらなかったよね。

まあ、向こうにそういうニーズがあるという情報にも疎《うと》かったし、旧仮想敵国ということで距離《きょり》を取りすぎていて、日本企業の投資も大して進まなかった。この点は、やはり、指導者を得なかったと思うな。

そういう政治的な不安定感があるね。日本はアメリカと同盟を結んでいるので、「ロシアに深入りするのは危険ではないのか」と思った面もあるのかな。

一方、中国のほうには、ずいぶん深入りしていったよね。中国のほうにどんどん深入りしていったことで、中国の経済が大きくなり、去年は日本を抜《ぬ》いたそうだけれども、それに対して、日米がそうとう大きな協力をしたところはあるだろうね。

ある意味で、君、このままでは、あれだよ。曹操《そうそう》が百万の大軍をもうすぐ持とうかというときに、荊州《けいしゅう》に一万か二万の軍で立てこもっているような状態に近い雰《ふん》囲気《いき》になるかなあ。日本は要衝《ようしょう》の地ではあろうけれども、次は、「どこが日本を切り取るか」というような話になってくるかもしれないね。そんなことは考えたこともないだろうが、「どこが日本を取るか」などという先陣《せんじん》争いになってくるかもしれない。

"鎖国体制《さこく》"が続いている日本のマスコミ

いやあ、それにしても、この国の指導者というのは、どうなっているんだろうねえ。「頭の上からミサイルでも落ちてこないかぎりは、変わらない」という説が濃《のう》厚《こう》だけれども、それはあるかもしれないね。

しかし、ミサイルが落ちてきても、「もしかしたら、何かの操作ミスによって発射されたのかもしれない」などと言う可能性のある政治指導者たちだろうねえ。それを取り囲んでいるマスコミもまったく同じで、内輪《うちわ》の問題で足を引っ張り合っている状態かな。

本当に、ある意味での島国根性《しまぐにこんじょう》というか、自分たちの井戸端《いどばた》会議に熱中しているところがあるね。

外国では、ほんの一万人ぐらいがデモをしたぐらいで政府が倒《たお》れ、独裁者の大統領が逃《に》げ出したりするようなことが起きているけれども、日本の場合は、デモをしても、テレビが映さなければ、それで終わりということだな。

一万人ぐらいで政変を起こせるなら、幸福の科学など、もう、毎日でも政変を起こせる状態だろうが、「それは報道しない」から「政変は起きない」ということになるわけだね。そういうことだから、マスコミの〝鎖国《さこく》体制〟の部分を破らなければいけないところはあるね。

日本には、「報道の自由」はあるんだが、やはり報道管制のようなところがあって、上のほうから押《お》さえられている面はある。テレビ局は総務省が押さえているし、新聞社のほうも税金面でかなり優遇《ゆうぐう》を受けているので、やはり操作されているね。

そのへんの談合癒着《だんごうゆちゃく》体制というのは、そうとうあると思う。だから、情報の流れをもうひとつよくしないといけない。「日本は自由の国だ」と思っていたら、意外に、かつての中国やソ連のような国に近いところがあるし、あるいは、いちばん近いのは北朝鮮《きたちょうせん》かもしれない。

「言論の自由」と言っても、一方的な方向のみに自由で、反対の方向では自由でないことが、わりに多いのでね。だから、一種の洗脳状態が続いていて、マスコミ全体が魔法《まほう》にかかったようになっているところがあるね。

要するに、「保守だ」「革新だ」と言っても、全体としては、現状維持《いじ》を中心とした保守の流れのなかでの意見の違《ちが》いにしかすぎない。「右から左まである」と言っても、現状維持を前提にした「右から左」であって、まったく想定しない事態のなかでの「右から左」ではないだろうね。

日本人の国民性が災《わざわ》いを呼ぶ

今、アラブ諸国においては、エジプトの政変とかチュニジアの政変とか、デモ等による揺《ゆ》らぎが起きているけれども、もし日本でそういうことが起きたとしても、どうしたらよいか分からないだろうね。

政権が今のような体《てい》たらくだったら、そういうことが起きてもおかしくない状況なんだが、日本人には、意外に無関心で、「お上頼《かみだの》み」で、自分から責任を取って行動しようとしない面があるし、万一《まんいつ》の危機のときには、その頼《たよ》りない「お上」に頼ろうとするところがある。

そして、後知恵《あとぢえ》で責めることはあっても、事前に「こうすべきだ」と言うようなことは、あまりない。

この国民性は、気をつけないと、やはり災《わざわ》いを呼ぶだろうね。気を付けないと、もう一回、「バンザイ突撃《とつげき》」の時代に入るかもしれないので危険だね。

やはり、やるべきことをやらなければいけないなあ。

残念ながら、日本の外交はCランク

何かねえ、指導者の立場にある人が、「指導する」のではなくて、今、「学習している」みたいな感じの状態だなあ。沖縄《おきなわ》の米軍の抑止力《よくしりょく》なるものを学習したり、北方四島について、「日本のものだ」ということを主張する練習をしたりしているような状態かなあ。

だから、ある意味での遅《おく》れがあるんだけれども、それが、自滅型《じめつがた》の遅れになっていると言えるね。

今の情勢が続けば、そうだねえ……、やはり、「自分たちの国は自分たちで守るという方向をはっきりさせないかぎり、この国は危ない」というのは、私も同じ意見だな。だから、「どこが日本を取るか」という、そんな相談ばかりされますよ(笑)。〝新ヤルタ会談〟で、「次は、どこが日本を管理するか」という話をされるようになるかもしれない。この国の指導者の体たらくは、みんな知っているのでね。

残念だけれども、日本には「マスコミ型民主主義」はあまり合っていないようだ。こういうものは、違った意見をたくさん出してこないと機能しないんだが、日本は同質性を要求しすぎるからね。

アメリカ等は、やはり個性が強いから、意見を強く主張してくる。平時においても、国家は軍事戦略を考えているし、国民は自ら銃《じゅう》で武装して、強盗《ごうとう》や泥棒《どろぼう》等から守っている。家族を守るのは個人の自由というか、一家の主人の自由だからね。まずは個人が家族を守り、その次に警察が守るのであって、そういう考えの国と、日本のように全部「お上頼み」の国とは、やはり違うだろうね。

だからまあ、外交を見るかぎりは、残念だけど、A、B、Cで言えば、日本はCランクだろう。そういうふうに思うね。

日本全体が「現状維持《いじ》」という名の保守である

私だったらどうするか、ということですが、そうだねえ……。

でも、どうして、この国の国民は、中国があれほど覇権《はけん》を強めているときに、沖縄で、「米軍は出て行け」みたいなことを言うんだろうねえ。

それと自主独立運動とが一体化しているなら別に構わないが、自主独立を目指そうとしていないのに、そんなことを言う日本人というのは、はっきり言って論理的な国民ではないな。これは、「もう中国に取られてもしかたがない」と思っているとしか言いようがないね。

そうだねえ……。中国の脅威《きょうい》もあるし、ロシアの脅威もあるし、北朝鮮の脅威もあるが、その次には、南北朝鮮が統一したときの脅威もある。はっきり言えば、今、台湾《たいわん》でも、日本の島を取るぐらいのことは可能な状態だからね。

だから、考え方を変えなければいけないのではないかな。大事な情報がインプットされていないように思うね。

これは、誰《だれ》かが勇気を持ってやらなければ、しかたがないねえ。だけど、マスコミの報道が偏向《へんこう》しているのでね。幸福実現党の活動を、もっと早く、正確に公正に報道していれば、現在のような政治の低迷も、かなり防げたところはあるんだけれども、意外に保守なんだよね。日本全体が「現状維持《いじ》」という名の保守なんですよ。

だから、今、すでにあるものでやることしか考えていないというか、手持ちの駒《こま》でしか考えないような、そういう将棋《しょうぎ》を指しているんだなあ。

君も、そういう日本人の一人かな？　顔を見ていると、そんな感じがするから、特に、どうということもないのかなあ。

君ならどうするの？　もう少し言ってごらんよ。

諸葛孔明が見た日本の問題点

政治指導者

○内輪の問題で足を引っ張り合っている。
○自分たちが学習しているような状態。

➡自滅的な遅れが生じている。

マスコミ

○報道管制のようなところがある。
○大事な情報を国民に提供していない。

➡洗脳状態が続いている。

国民

○政治に無関心で、お上頼り。
○論理的な国民ではない。

➡この国民性は災いを呼ぶ。

全体的に「現状維持という名の保守」。“曹操の大軍”が迫っていることに、まったく気づいていない。

気概《きがい》と誇《ほこ》りと「奇抜《きばつ》な考え方」を持て

彦川　今、この日本の国民性についてのお話もございましたが、私は、やはり、「一人ひとりが、この国を素晴《すば》らしい国として愛するべきである。この国には、世界のリーダーとして立っていく必要性があり、もっと自信を持ってよいのだ」ということをしっかりとお伝えして、仲間をつくり、国民世論《よろん》として、日本の気概《きがい》を示していくことが必要ではないかと考えております。

そして、「自分の国を自分で守れないような国は、世界において生き残っていくこともできないし、理想を実現することもできない」ということを、しっかりと心に刻み、立ち上がることが重要ではないかと思います。

諸葛孔明　うーん。君、その程度の議論では、全然、世の中は変わらないのではないか。

この国の国民は、日本民族というものを誇《ほこ》りに思っていない。教育の面から見てもそうだろうし、外国も、少なくとも近隣《きんりん》の国はそう思っていない。もう、「どの程度、なめられるか」ということだね。

例えば、ロシアのように、北方四島を返さずに、中国資本まで入れて共同開発をするというのは、これはもう、中露が同盟関係を結び、「万一《まんいつ》、日本がそこを取りに来たときには、ロシアと中国が共同戦線を張って日本に対抗《たいこう》するぞ」という意味にも見えるし、「先の大戦で取り損《そこ》ねた北海道を取る」という可能性を残したようにも見えるね。

要するに、取った領土を返す国など、ほとんどないんだよ。それをやったのは日本ぐらいだ。三国干渉《さんごくかんしょう》［注3］を受けて返したりしたけれども、結局、次の戦争の火種になっているよね。中国も取った国は返していないし、今、ロシアも国境問題を数多く抱《かか》えているからね。

やはり、着々と、やるべきことをやらなければいけないのではないかねえ。私は、そう思うね。ロシアには、もっと入るチャンスはあったのに、入れなかったところがあるけれども。うーん。

ああ、君を見ていると、私には、もうほとんど絶望の感じが伝わってくるんだがなあ。君は、典型的日本人だなあ。もうちょっと奇抜《きばつ》なものの考え方はないのかね。

[注3] 日清《にっしん》戦争後、日本は下関《しものせき》条約によって遼東半島《りょうとうはんとう》の割譲《かつじょう》を受けていたが、ロシア、ドイツ、フランスの三国が、遼東半島の清国への返還《へんかん》を求め、日本はやむなくこれに応じた。

2　日本がとるべき防衛戦略とは

江夏　今の状況を見ると、日本にとって、逆にチャンスが来ているのではないかと思います。

諸葛孔明　うん、うん。

江夏　日本は、キリスト教文明でもなく、イスラム教文明でもないので、ある意味でフリーハンドを持っています。

諸葛孔明　うん。

江夏　そのため、中国がやろうとしている「真珠《しんじゅ》の首飾《くびかざ》り作戦」［注4］などに対して、逆にそれを潰《つぶ》していくようなこともできるのではないかと思います。

例えば、今、エジプトの民主化の問題などもありますが、日本はいつも外交が受け身なので、逆に日本のほうから、民主化を進める方向に助力するなど、積極的に動いて攻《せ》めていけば、東南アジアや中東の諸国もけっこう聞く耳を持ってくれるのではないでしょうか。

ただ、中国とロシアの二正面作戦になるときついので、いちばんの仮想敵は中国とし、ロシアとは事を起こさないようなかたちにしながら、中国、北朝鮮と相対峙《あいたいじ》していく。そのためには、日米同盟を堅持《けんじ》することを前提としつつも、自主防衛をしっかりやっていくことが大事だと考えます。

今の日本には閉塞感《へいそくかん》がありますが、逆に、外交においては、もしかしたらチャンスが到来《とうらい》している可能性があるのではないでしょうか。

［注4］中国は、パキスタン、スリランカ、バングラデシュ、ミャンマーなどで港湾《こうわん》建設を進めており、それがインドを取り巻く真珠《しんじゅ》の首飾《くびかざ》りのように見えることから、そう呼ばれている。

「尊敬できるリーダー」が日本に出てこなければ話にならない

諸葛孔明　米ソには争いがあったからねえ。

先の大戦が終わったときに、ソ連は、最低でも北海道を取りたかったし、できたら、東京までの東日本を全部取って、アメリカと半々に分けたかった。あと一カ月もあれば、取れたかもしれない状況だったけれども、米軍が進駐《しんちゅう》して押さえ込みに入ったためにできなかった。でも、ほんの一瞬《いっしゅん》の差だっただろうね。

もし、終戦の判断が、もう何カ月か遅れていたら、今、日本の東半分はロシア領になっている可能性があったかもしれない。たぶん、あと一カ月あれば北海道は取れただろうから、そこから南下してきただろう。向こうには、日露戦争の雪辱《せつじょく》というところも少しあっただろうしね。

ロシアは、今、冷戦に敗れて、経済復興を進めてきているところなので、ロシアの回復自体は、まだ本格的なものではないとは思うけれども、ロシアの仮想敵国にはされないように気をつけなければいけない。今後、漁業権をめぐっての争いなど、いろいろ問題が起きてくるだろうからね。

だから、今回、「自衛隊を、単に北朝鮮や中国向けにだけシフトしすぎるのは間違いだ」ということを、教えてくれているのだと思うね。

それから、全国にパトリオットミサイルを配備する予定だったのが、民主党政権になってから予算を削減《さくげん》されて中止になったりしたので、これでまた何年か、日本は遅れたんだと思うよ。ダムの中止と一緒《いっしょ》で、いろいろなものが遅れたと思うね。

日本防衛のポイント①　対ロシア戦略

①ロシアの仮想敵国にされないように気をつける。

例：漁業権をめぐっての争い等。

②自衛隊を、北朝鮮・中国向けにだけシフトしない。

例：北海道のミサイル基地の充実等。

やはり、ああいうことがあったら、北海道にミサイル基地を充実《じゅうじつ》させるとか、何かすべきだね。

例えば、「ＪＡＬが一万六千人を解雇《かいこ》する」というのであれば、失業者を救いたい政権なんでしょうから、「では、航空自衛隊に編入する」などと言えば、突如《とつじょ》、ビビッと反応は出るでしょうね。

自衛隊と言っても、今は、実際に戦う人の数はそれほど多いわけではなく、機械類の整備とか、事務とか、後方のいろいろな準備部隊のほうが数としては多いんですよ。昔のように、実際に剣《けん》で戦うわけではないので、ＪＡＬの社員でも十分に使えるんですよ。当然、パイロットは使えますしね。

こういう人たちを吸収してしまえば、失業者対策が一気にできてしまう。そういうことも可能だろうね。

おそらく、あとで質問があるんだろうけれども、今、予算を縮小する方向に入ろうとしているのは、日本がどんどん小さくなっていく考え方だと思いますね。

まあ、中国に関しては、大きな「お客さま」にもなっているので、とても難しいと思うけれども、「朝貢《ちょうこう》外交になるか、ならないか」というあたりで、今、綱引《つなひ》きをしているところだろうね。

やはり、尊敬されるべきリーダーが日本に出てこなければ、もう話にならない。向こうの慢心《まんしん》には、ものすごいものがある。「十三億人を率いる偉大《いだい》なリーダーであり、アメリカよりも偉《えら》い」と、本心では思っていますからね。

だから、日本のように、「エジプトの大統領が三十年やっている間に、総理が十八人も変わる」という国は、ものすごく頼《たよ》りないものにしか見えていないでしょうね。「それが民主主義であるなら、民主主義など採用したくない」と、中国のほうは思っているでしょうね。

日本の総理一覧（過去30年間）

名前	在職期間	在職日数
鈴木善幸	80/07～82/11	864
中曽根康弘	82/11～87/11	1806
竹下登	87/11～89/06	576
宇野宗佑	89/06～89/08	69
海部俊樹	89/08～91/11	818
宮澤喜一	91/11～93/08	644
細川護煕	93/08～94/04	263
羽田孜	94/04～94/06	64
村山富市	94/06～96/01	561
橋本龍太郎	96/01～98/07	932
小渕恵三	98/07～00/04	616
森喜朗	00/04～01/04	387
小泉純一郎	01/04～06/09	1980
安倍晋三	06/09～07/09	366
福田康夫	07/09～08/09	365
麻生太郎	08/09～09/09	358
鳩山由紀夫	09/09～10/06	266
菅直人	10/06～	?

30年間で18人も
総理が変わるような国は
外国から頼りなく見えている。

今のアメリカは「日本独自の防衛」に反対できない

でも、「試《ため》し」はまもなく来るだろうと思うよ。まもなく「試し」が来るだろうと思うので、準備をしなければいけないでしょうね。

特に、どう考えても、防衛産業への梃入《てこい》れはしなければいけないと思うし、そのためには、科学的に優位《ゆうい》な立場に立たなければいけないと思いますね。

まあ、アメリカと仲良くするのもいいけれども、その間に日本独自の防衛をしても、今は、アメリカは文句を言わない時期なんですよ。

アメリカは、財政赤字を減らすために引いていっている。つまり、向こうは、軍事予算を減らしたい時期なので、日本が「独自に防衛したい」と言っても、今は反対できない立場にある。だから、今、それをする必要があるということを、強く訴《うった》えなければいけないね。

要するに、「丸腰《まるごし》の国民など、もう、どうにでもされてしまう」ということだし、「使えない自衛隊を持っていても、しかたがないのだ」ということを、やはり知らなければいけないと思う。

それに、「相手から攻撃《こうげき》を受けなければ、反撃できない」というのは、昔の時代の考え方であって、今の時代にはもう合わない。今は、攻撃を受けたら、その時点で、もうだいたい終わっているのでね。

自衛隊もスクランブルなどをかけているようだけれども、「先に攻撃を受けてから反撃する」というのでは、もう終わってしまいますからね。最初のミサイルをロックオン（目標捕捉《ほそく》）されて撃《う》たれたら、ほぼ命中しますから、撃墜《げきつい》されたあとに反撃しようとしても、もうどうしようもない。時代的に、これではもう無理だね。

確かに、憲法の問題もあるけれども、これは、やはり国民が悪いよ。あのドイツでも憲法を何回も変えているんですからね。

だから、憲法で自分たちを縛《しば》っているのなら、「滅びに至る国民」になってもしかたがないのではないかな？　このままだったら、日本が滅んでも、世界の誰も惜《お》しまないよ。

自分たちで自分たちを卑下《ひげ》して、滅ぼしかかっているんだろう？　それが、たった一回の敗戦で起きているんだろう？　侍《さむらい》国家としては、情けないかぎりではないか。志がないよ、志が。

あきらめることは簡単だ。「相手が大きいからあきらめましょう」と言うのであれば簡単であるけれども、現実には、百万の大軍を三万で打ち破れることだってあるわけですからね。それが、軍略、兵法というものだな。

今、日本に必要なのは、少なくとも、中国や北朝鮮に関しては、北京《ペキン》や平壌《ピョンヤン》等を直接攻撃できる手段を持つことだね。これが絶対に必要なことだと思う。

日本防衛のポイント②　**独自防衛の検討**

①防衛産業に梃入れをする。
——そのためにも、科学的に優位な
立場に立つ必要がある。

②少なくとも、北京（中国）、
平壌（北朝鮮）を
直接攻撃できる手段を持つ。

「日本版CIA」をつくって中国・ロシアに工作せよ

それから、できれば、中国の南北を分断し、南部を独立させてしまう運動を、工作員を送ってやらせるべきだね。つまり、日本版CIAをつくって、中国南部を独立させ、半分に割ってしまう作戦を行うべきだと思う。

中国には、南北にそうとうの差があります。要するに、南部のほうは欧米圏《おうべいけん》に入りたがっている状態で、自由を求めています。だから、南部で独立運動を起こさせたら、中国は内部のほうに手を取られて、外部への侵略行為《しんりゃくこうい》ができなくなってくるので、やはり内戦が起きるような仕掛《しか》けをするべきでしょうね。

そういう意味では、軍人が必要なわけではなくて、工作員が必要だね。工作員を日本企業のなかに潜《もぐ》り込ませて、現地に送り込まなければいけないでしょうね。

それで、南のほうで独立運動を起こさせると同時に、さらに、そこから、占領《せんりょう》されて自治区になっているところへも足を伸《の》ばして、あちこちで独立運動を支援《しえん》する地下組織を強化していく。そういう運動を同時にやらなければいけないでしょうね。

そして、日本に来ている買い物客等には、しっかりと日本文化の洗脳をかけていかなければいけないと思う。日本に買い物に来ている間に、「自分の国は変わらなければいけないのだ」と思い込ませるように、戦略的に、上手に洗脳をかけていかなければ駄目《だめ》だ。いちおう、その両方が要《い》ると思うね。

だから、主要都市を直接攻撃できる手段を持つということと、やはり、外国を侵略できるような一枚岩の国にならないように、国のなかを割る作戦が必要だ。

これはロシアに対しても同じだね。ロシアは、モスクワからシベリアやサハリン地区まではそうとう距離があるため、こちらのほうの地区では、梃入れの遅れに対する不満をかなり持っている。そこで、いざというときには都市を直接攻撃できる態勢も要るけれども、同時に、シベリア・サハリン地区に独立運動の工作をかけなければ駄目だね。

どうせ、これから、国家公務員をリストラしなければいけないんでしょう? そのリストラした国家公務員を日本版CIAとして民間企業に忍《しの》び込ませ、現地に送り込めばいいいんだよ。

開発事業のなかに送り込んで、情報を取り、なかで工作をさせる。これは、アメリカがやっていることと同じだ。アメリカのCIAも、そのままで活動してはいない。たいていは民間企業のなかに入り、二重、三重に潜って情報を取る活動をやっている。

日本は、ちょっとそれが足りないというか、かなり足りないんだよ。

中国などは、漁船の船員が国家公務員ではないかという疑いがあるし、軍人ではないかという疑いまであるぐらいなんだから、それに比べれば、日本は、あまりにも平凡《へいぼん》なものの考え方をしすぎているよな。

日本防衛のポイント③ **工作活動の強化**

①日本版CIAをつくる。

例：中国南部に工作員を送り、
独立運動を起こさせる。
➡国内が一枚岩でなければ、
外国を侵略できにくくなる。

CIA（アメリカ中央情報局）
Central Intelligence Agency
対外諜報活動を行うアメリカ合衆国の情報機関の１つ。

②日本文化を洗脳する。

例：特に日本に来ている中国人たちに、

「中国は変わらなければいけない」

と思い込ませる。

漁船や旅客機《りょかくき》の軍事転用もありうる

今、自衛隊の予算等、防衛費というのは、外に数字が出ているよね。しかし、実は、自衛隊の予算で外に出ていない部分がある。例えば、国土交通省の海上保安庁の予算を、防衛費の増額部分として使っているわけだけれども、これをさらに「漁業補償《ほしょう》」などと称《しょう》して増額し、〝漁船型軍隊〟をつくって忍び込ませる手だってあるわけですよ。第三部隊としてね。

結局、尖閣《せんかく》諸島であろうと、竹島であろうと、あるいは、北方四島であろうと、事件の発端《ほったん》は、必ず、沿海の漁船が拿捕《だほ》されるかどうかということなので、日本も中国のまねをして、「実は、地下に潜った軍人たちによって漁船が動かされている」という、三重目の構造をつくっておくことだ。

漁業補償としての支出には、実は軍事費として使える部分があるので、いざというとき軍事用に転用できる船をつくるぐらい、わけのないことですよ。その程度の変身ができないようでは、日本の技術は遅れすぎているね。

漁船のなかから機関砲《きかんほう》が上がってきたり、漁船の横からミサイルが出てきたり、漁船なのに、なぜか魚雷《ぎょらい》が発射できたり、そういうものがあっても別に構わないわけです。

漁船を拿捕しようとしたら、逆にそちらのほうが沈《しず》んでしまったりして、「どうしたんだろう。事故だろうか」と言うかもしれない。こちらは、「ただの漁船です」と言いながら、その程度の準備をしておくことだね。

そのように、外から見えないように軍事予算の部分をつくっていくんですよ。そういうことも大事でしょうね。

あとは、JALのようなところが社員を三分の一もリストラするのも、もったいないことじゃないですか。特に、JALのような大型航空機は、爆撃機《ばくげきき》に変えられるものなので、ぜひ、そういう大型旅客機《りょかくき》のパイロットは、いつでも爆撃機のパイロットに変身できるようにしておくことだね。ＪＡＬのパイロットを特殊《とくしゅ》公務員として抱えることは可能だし、それは失業対策にもなりますよね。

そのように、未来事業の研究としてシフトしていけばよいわけですね。

核攻撃《かくこうげき》を念頭に置いた「リニアモーターカー構想」を

リニアモーターカーについても、十分に、軍事的なものとの連動で考えることができる。物資の輸送も考えられるし、場合によっては、山をくり抜いたトンネル型のリニアをつくれば、それは核《かく》兵器対策にも十分に使えるだろう。

「リニアモーターカーの線路をつくっている」と言いながら、山をくり抜いて直線ルートをつくっていけば、山中に地下基地をつくることができる。それは核対策にもなり、いざというときには国民をリニアに乗せて、パーッと三十分ぐらいで山中に避難《ひなん》させてしまえるからね。

例えば、「北朝鮮から核ミサイルが飛んで来る」という情報を事前に得た場合、リニアに乗って三十分ぐらいで日本アルプスの下にでも避難してしまえば、核兵器で攻撃《こうげき》を受けても助かるよね。

地下鉄なども、かなりそういう意図を持ってつくられているはずだけどね。東京の地下鉄で何十メートルも深く掘《ほ》っているものは、いちおう核対策でつくっているはずだが、ただ、首都圏のなかだけでは、本当は逃げ切れないと私は思うね。

リニアは速いので、大阪《おおさか》まで一時間もあれば行けるし、あるいは三十分で行けるかもしれない。まあ一時間もあれば行けるだろうから、一時間圏内でほとんど避難は可能になる。

リニアは、そういう軍事的な用途《ようと》もいちおう念頭に置いてやるべきですね。山の下を通るときのトンネル工事をやっている間、なかで何をやっているかは分からないので、そこに、軍事攻撃あるいは核攻撃を受けたときのための避難場所として「地下タウン」をつくっておくことが大事ですね。そうすれば、国民をすぐに避難させられますね。

そういうことは、第二次大戦のときにも考えたでしょう。当時の運輸省は、「国民をどのように避難させるか」ということを十分に考えていましたからね。大都市の場合、核攻撃を受けたら一撃で簡単にやられてしまうので、こちらが戦うだけの戦力を持っていないならば、せめて国民を守る方法を考えなければいけませんね。

だから、今、幸福実現党が言っているリニア構想においても、そういう国民を避難させる構想と一体化させることは可能だと思います。

日本は山がとても多いので、これは核兵器対策に十分使えるということです。山を全部打ち砕《くだ》いて壊《こわ》すだけの力は、そんなにはないですからね。北朝鮮の核兵器の数では、すぐに撃ち尽《つ》くし、山が少し崩《くず》れたぐらいで終わりなので、その攻撃さえ避《さ》けられれば、あとは通常兵器で戦えます。日本は、通常兵器ではまだ負けるレベルではありませんからね。

要するに、問題は、都市圏への核攻撃だけでしょう？　いざというときに避難できれば、それだけでも防衛としては成り立つので、リニアのようにできるだけ速いものがいいですね。
そして、できれば、リニアも二重性を持たせておいて、いざというときには軍事物資も運べるように考えておいたほうがいいでしょう。
私だったら、そのようなことを考えますけどね。

江夏　ありがとうございます。
それでは、質問者を交替《こうたい》させていただきます。

諸葛孔明　ああ、そうですか。

日本防衛のポイント④　リニア新幹線の軍事利用

① いざというときの
「物資の輸送」に使う。

② 核攻撃対策として、
日本アルプスに
「地下タウン」をつくり、
有事には、リニアを使って
国民を避難させる。

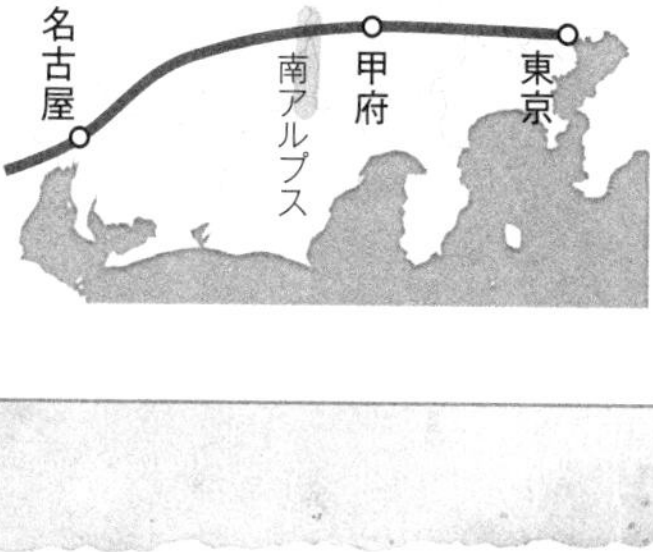

Chapter 2

国を富ませるための秘策

1　物資やエネルギーの確保は防衛の要《かなめ》

湊　諸葛亮孔明先生、本日は、ご指導を賜《たまわ》り、ありがとうございます。

私は、ＨＳ政経塾生の湊侑子と申します。

諸葛孔明　うん、うん。

湊　本日、こうした質問の機会を頂き、心より感謝いたします。

私からは、財政問題について、お伺《うかが》いさせていただきたいと思います。

諸葛孔明　うん、うん。

湊　日本には、国の資産が約六百兆円あり、また、国民の金融《きんゆう》資産も約千四百兆円あると言われています。ところが、マスコミなどの洗脳により、「日本は財政赤字であるから、増税するしかない」という議論がまかり通っております。

国民も、それを信じてしまい、「国の将来のためであれば、増税はしかたがない」というような世論《よろん》になっています。

諸葛孔明　うーん。

湊　そこで、もし孔明先生が日本の総理大臣であられましたら、今の日本におけるマスコミの洗脳を、どのような言葉で解いていかれるか、お教えいただければと思います。

日本を攻《せ》めるのに武器は要《い》らない？

諸葛孔明　「国を富ませる」というのは大事なことですよ。国を富ませれば、もちろん外国から狙《ねら》われることもあるけれども、有事のときには、やはり、それは力になります。結局、「戦争で、どのくらいもつか」という問題はありますしね。

先の大戦でも、日本の物資がなくなっていったところは大きかったですよね。石油や金属、その他、軍事物資を外国に頼《たよ》らなければいけないところがありましたからね。

まさか、アメリカが、国際法違反《いはん》をして輸送船ばかり沈《しず》めに来るとは思っていなかったので、日本は変なところで武士道精神を発揮して、軍艦《ぐんかん》同士の戦いだけを考えていた。しかし、アメリカは、露骨《ろこつ》に、無防備の輸送船ばかりを沈めてきた。実際上、これでやられたようなものですからね。

かつて第一次大戦でも、ドイツがUボートで無差別攻撃《こうげき》をして敵の輸送船を沈めたため、イギリスなどがそうとう弱ってしまったことがありました。そのときに、今は評判の悪い「護送船団方式」というものを編《あ》み出したんですよね。

「輸送船がバラバラに行くと沈められるけれども、輸送船団を組み、その周りを護衛艦で囲んで大きな艦隊をつくると、襲《おそ》いにくくなる」ということで、これで被《ひ》害《がい》がぐっと減ったのです。

しかし、日本は、能天気にも、輸送船を単独で南の島に送り、輸送していたので、それを沈められ、どんどん物資が減っていって、負けたのです。

だから、将来、輸送船のところをやられて、日本にいろいろな物資が入ってこなくなったら、まずはここから国が弱ってきます。GDPがいくら大きかったとしても、物資が入ってこなくなったら、物をつくれないし、エネルギーが入ってこないと、全然、国が機能しなくなります。実は、いまだに、先の大戦のときとまったく同じ状況《じょうきょう》が続いているわけです。

例えば、最近のように、エジプトで革命が起きたとか、砂漠圏《さばくけん》の国でいろいろなデモが起きて政権が揺《ゆ》らいでいるとか、そういうことになって、万一《まんいつ》、スエズ運河や、その南のほうの湾をタンカーが通れなくなったりすると、とたんに日本への輸送が止まってしまうよね。

さらに、今、中国はアフリカなどにそうとう投資をしているので、そちらの輸出元のところまで中国に押《お》さえられたら、日本に物資が入ってこなくなることもあるよね。

中国は、石油の輸出元のほうも押さえに入っているし、オーストラリアやブラジルなどにもそうとう手を出して、鉄鉱石等の資源を押さえている。今、ブラジルやオーストラリアなどとの貿易量がものすごく増えていますね。そのように、中国は鉄と石油を押さえに入ってきています。

だから、日本を攻《せ》めるのに、武器が要《い》るか要らないか、実は分からないところもあるわけですね。要するに、そういう物資が入らないようにすれば、日本はすぐに干上がってしまうからです。

しかし、日本には、その理由がよく分からないだろうし、「自衛隊を送れるのか送れないのか」も分からないところがあるでしょう。

したがって、先の大戦で、日本の輸送船が攻撃されてそうとうやられたことを考えれば、やはり、「海賊船対策《かいぞくせんたいさく》」と称《しょう》して、輸送船の一部に防衛機能を持たせるように努力すべきですね。そうすることによって、ある程度の対応ができるようになります。

例えば、タンカーの一部に防衛機能としてミサイルを装備したり、甲板《かんぱん》から攻撃用ヘリを飛ばしたりするぐらいわけのないことですよ。その程度の技術は、日本は持っていますのでね。多少、そういう軍事面ではないところで、潜在的《せんざいてき》な軍事パワーを上げておいて、いざというときには物資の供給ルートを確保できるように努力しなければいけない。「自衛隊が出せるか出せないか」みたいな議論を延々とやっているようでは危険ですね。

これは、「あくまでも海賊船対策として、自主防衛を民間でやっていただく」ということです。

今は、民間でもセキュリティ会社がたくさん発展していて、警察と同じぐらい人数がいる会社もあるわけなので、それと同じですよ。ですから、そういう物資の輸送系についても、自衛隊に代わってきちんと護《まも》ってくれる会社を許可し、民間企《き》業《ぎょう》にも自主防衛の権利を与《あた》えればよいだけです。

これは、アメリカで言えば、自宅へ侵入《しんにゅう》した強盗《ごうとう》や泥棒《どろぼう》に対して銃《じゅう》で正当防衛をする権利を与えているのと同じです。日本では保障されていないけれども、アメリカでは、銃を持ち、銃で自分を防衛することは憲法で保障されているでしょう?財産権を侵害してくる者に対して防衛をするのは当然ですよね。

だから、海賊船対策と称して、そのへんは着々とやらないと、将来的には物資を押さえられてしまう危険性がある。特に、西のほうから日本に入ってきているタンカー群は、台湾海峡《たいわんかいきょう》まで来る前に沈められる可能性が高いのです。台湾の近くまで来て沈められたら、「中国がやった」と言われるかもしれないけれども、もっと手前で沈めたら分かりませんからね。

国内で「戦略物資」の開発を進めよ

そういう意味で、物資の供給のところはしっかり考えなければいけないし、国内でつくれるものについては、トライしておくことが大事でしょうね。

最近では、野菜工場もありますし、石油に代わる燃料の開発も研究中のようですね。石油に似た油を出す藻《も》の開発ですか？　そういうものなどに資金を出していくことも必要だし、当然、実用性のある原発の推進も大事です。

まあ、原発不信も結構だけれども、やはり、ウランを再利用できる高速増殖炉《ぞうしょくろ》を止《と》めたりしたことは、判断的には間違《まちが》っていると私は思いますね。そういう、無限に使えるような、夢のようなエネルギー源があるならば、それを、より発展させていかなければなりません。放射能漏《も》れなどがあるのなら、より厳重に安全性を高める努力をすべきであって、廃止《はいし》することが正しい判断とは言えないと思いますね。民主党によれば、数多くのダム建設を中止するということだけれども、水力は天然のエネルギーですからねえ。今は火力発電等が多いわけですが、火力発電は必ず重油等を必要とします。だから、石油が入ってこなくなったときのことを考えると、やはり、ダムの水力発電は自然のエネルギーによる発電なので、防衛力としては、そうとう高いものがありますね。

また、そうした大きなダムだけでなく、河川《かせん》の段差を利用した、小さな規模での水力発電もあります。

それから、今後は、やはり水の需要《じゅよう》も大きいと思うので、海洋の開発も大事ですね。例えば、海洋温度差発電をするときに、同時に真水《まみず》も生まれてくるはずだから、発電と同時に塩水から真水を分離《ぶんり》して取り出す技術を実用化すれば、水に飢《う》えた諸国に対して、水が戦略物資になることもある。

有事に備え、物資の供給力を高める

日本は、物資が入らなくなると、すぐ干上がる。
第二次大戦のときも、ここを攻められた。

⬇

対策1 物資の供給ルートを確保する。

例：「海賊船対策」と称して、輸送船に防衛機能を持たせる（民間レベルでの自主防衛）。

対策2 国内産にもトライする。

例：野菜工場
例：石油に代わる燃料の開発
例：ウランの再利用（高速増殖炉）
例：水力発電、海洋温度差発電など

中国も水に飢えています。中国の川は、公害で汚《よご》され、涸《か》れてきていますからね。だから、逆に、石油よりも水のほうが貴重になるかもしれませんので、あなたがたから見れば何ほどのこともないミネラルウォーターなどが、石油に代わる戦略物資になることも十分ありえます。

そして、野菜工場等で大量の野菜がつくれるようになれば、それも戦略物資に変わることだって十分にあるわけです。そういうことも考えなければいけませんね。

2　国民を富ませる政治を

未来産業を拓《ひら》く方向にお金を使うこと

諸葛孔明　あなたは予算のことを訊《き》いたのかもしれないけれども、そういう未来性のある産業に投資するお金は、よいお金だと思うんですよ。逆に、消えていくものにばら撒《ま》くお金は、よくないお金です。

だから、民主党政権下で、ＧＤＰが中国に抜《ぬ》かれたということは、大きなことであって、十分に責任追及《ついきゅう》に値する問題だと思うし、昨年の第４四半期ではマイナス成長を記録したとのことであるから、これはもう、明らかに政府の責任だと思いますね。

日本政府のやる財政改革は、とにかく萎縮型《いしゅくがた》で、「江戸《えど》の三大改革」そっくりのことを必ずやりますからね。「とにかく質素にすればよい」ということで、まずは贅沢《ぜいたく》を禁止して質素倹約《けんやく》をし、財布の紐《ひも》を締《し》め、予算を縮めていくということをやるけれども、いつも失敗しているんですよね。

なぜかと言うと、現実にはイノベーションが働かないからです。節約だけに入っていくとイノベーションが働かないし、新しいものにお金を投資しようとする投資家がいなくなる。イノベーションが起きないから、大企業家が生まれない。それから、昔の豪商《ごうしょう》みたいなものが、みな悪人、悪党に見えてくる。今で言えば、儲《もう》けている大企業が、みな悪党に見えてくる。そういうことですよね。

その結果、安売り店だけが流行《はや》ることになります。発展途上国《とじょうこく》なら自動的に安売りになるけれども、日本のような国で安売り店ばかりが流行っていくということは、将来的には危険がありますね。

やはり、日本でしかつくれない高付加価値のものをつくっていかなければならないわけで、「木を切って売る」「竹を切って売る」という原始的なことから、「竹細《たけざい》工《く》をつくって売る」というところまで行かなければなりません。あるいは、大豆《だいず》をそのまま売るのではなく、「豆腐《とうふ》にして売る」という力が要《い》るわけですね。

同じように、「ほかの国ではつくれないものをつくっていく」ということに力を入れなければいけないでしょう。こういう未来産業を拓《ひら》く方向に使うお金は、生きているお金です。一方、単にばら撒いて、とにかく目先の票を集めようとするようなお金は、やはり消えていくお金です。経済成長が全然なされていないのを見たら、考え方に間違いがあることが分かりますね。

菅《かん》さんのものの考え方は、基本的に「大きな政府」の左翼型《さよくがた》です。発展途上あるいは発展前の貧しい国であれば、お金を撒くということ自体が、ものすごい善意であり、ある意味で宗教的な行為《こうい》でもあるでしょう。

そういう貧しくて食べていけないような時代には、炊《た》き出しをしたり、ものをあげたりすることは、ものすごく大事なことであり、生活のレベルを上げるというか、必要最低限のレベルを守るという意味では機能すると思います。

けれども、高度に発展した社会においては、やはり、宗教的な左翼型の考え方ではなく、もう一段、富を増殖させることによって人々を富ませる方法を考えなければいけないと思いますね。

株価を下落させることは罪悪だ

今、危険なのは、やはり「バブル潰《つぶ》し」です。一九九〇年以降、日本はバブル潰しで失敗しましたが、二〇〇〇年代にも、ＩＴ産業が流行ってきたときに、もう一回、潰して失敗しましたね。

ライブドア事件のあと、六本木ヒルズあたりでやっている投機家の人たちにインサイダー取引の疑い等がかけられ、株価もみな下がっていきました。ああいう新興企業は、株価が下がると、資金調達《ちょうたつ》がけっこう厳しくなってきます。

株価が上がっていくことが前提であれば、いくらでも資金が集まって、新しい事業ができます。けれども、株価が下がってしまったら、全然、魅力《みりょく》がないので資金調達はできなくなるし、銀行からお金を借りるにしても、新しい企業の場合は担保がありませんからね。

要するに、「その会社の株を持っていれば、今後、五年、十年と株価が上がっていく」という、その成長率への期待でみんなが株を買ってくれることで、直接、資金を調達できるわけですね。

ところが、「株価を目減《めべ》りさせ、下落させることは罪悪だ」ということが、当局には分かっていないんですよ。検察庁も分かっていないし、もちろん、内閣も当然分かっていない。財務省系も十分には分かっていませんね。

金融庁などは、悪いことをしないかどうかを見張っているだけという、昔の目付《めつけ》のようなものですが、目付では企業の経営はできません。

彼らは、「株価が上がったら、潰して下げることが善だ」「ぼろ儲けできる人間がいなくなり、所得の差がなくなることが正義だ」と考えるけれども、資本の原理をまだ十分に理解していないのです。

株価が上がることで、〝たんす預金〟が出てきて資金の調達ができ、それで新しい事業を起こせるということです。新しい事業というのは、そういう新興起業家でないと起こせないんですよね。

昔からあるような古い財閥《ざいばつ》みたいなところは、銀行からいくらでもお金を借りられますが、新しいところには、お金は十分に回っていないんですよ。お金を貸すとき、新しい企業に担保を求めたって、そんなものはないですからね。やはり、「成長性」にしか、お金を貸せません。

そういうところを国策で潰しにかかったら、これは一種の社会主義そのものです。逆に、中国自体は、実質上、社会主義を放棄《ほうき》し、完全に自由主義になっています。社会主義は建前だけで、実質は、もう日本人のようになっていて、建前と本音が全然違うわけです。

中国は、「個人で稼《かせ》ぎまくれ」と言っていて、日本だと顰蹙《ひんしゅく》を買うような、億の単位の高級車を乗り回したり、本当の意味での豪華《ごうか》なマンション（大邸宅《だいていたく》）を持っていたり、デラックスな海外旅行に行ったりしているわけです。そのような、日本人だと顰蹙を買うようなことを、これ見よがしにやっていますからね。「自分はこれだけ稼いだ」と自慢《じまん》げに言っているので、むしろ中国のほうがアメリカに近づいてきていますね。

だから、日本は少し考え方を変えないと、とても危ないと思います。この役所主導型の考えは、危険度が極《きわ》めて高いと思いますね。

政治指導者は「とにかく儲《もう》けなさい」と言うべき

株価が下がる政治というのは、基本的に駄目《だめ》なのです。それは、新規の投資が起こらず、新規事業が起きないということだからです。要するに、「国民を儲《もう》けさせることは悪だ」と思っているような政府は駄目だということですね。

アメリカのクリントン政権が、いろいろとスキャンダルにまみれながらも二期八年続いた理由は、株価が上がって国民を儲けさせたからです。だから、クビにならなかった。アメリカ人は、それについて十分に理解していますが、日本国民は理解していないんですよ。

「株で儲けるやつは一部の人間だ。彼らは、ずるいことをして、インサイダー情報で儲けている」と、まだ思っていますからね。このへんに、心の貧しさがありますね。

本当の経済原理を十分に知りえていないし、農耕社会から離れていない古い考え方があると思いますね。ここは、大改造の余地があると思います。

今、鄧小平《とうしょうへい》は地獄《じごく》に堕《お》ちているかもしれないけれども、彼のまねをして、「黒い猫《ねこ》でも白い猫でも、ねずみを捕《と》る猫がいい猫だ」と、もう言い切ってしまえばいいわけですよ。

政治指導者が、「とにかく儲けなさい。発展しなさい。利益をあげなさい」と言えばいいんです。そして、「ついでに税金も納めてください。あなたがたが利益を上げれば上げるほど、税収も上がるのだから、しっかり儲けてください」と、国のトップが言えばいいんですよ。

やはり、「未来性のあるところに、どんどん投資してください。それについては国がバックアップをします。潰したりしませんから、頑張《がんば》りなさい」という方向を示さなければ駄目です。新しいことができずに、とにかく今までのものを守っているだけとか、安売りに入っていくだけとか、そういう世界だと、どんどん後退していく可能性が高いですね。

3　日本は「経済開国」すべし

外国に投資をさせれば「抑止力《よくしりょく》」にもなる

諸葛孔明　それともう一つ、財政の問題で言えば、「国債《こくさい》等は、九十パーセント以上が日本国民の資金で運用されているから安全だ」という考え方があって、「国債は国民からの借金だ」という感じで考えていますね。

けれども、これにこそ、外国のバブルマネーをしっかり使ったほうがよいのであって、万一《まんいつ》、バブルが潰《つぶ》れたときには、外国に損をかぶってもらえばいいんですよ。つまり、オイルマネー、中国マネー、ロシアマネーなどを入れ、それで、バブルが弾《はじ》けて潰れたら、向こうにも、同時に損をさせたらいいんです。そうすると、外国も投資家に損をさせないようにしなければいけなくなるので、国際的なネットワークはもっと深くなるのです。

ところが、日本だけでやっていたら、日本の国益の範囲内《はんいない》でしか企業活動を考えられないのでね。だから、外国にも稼《かせ》がせてやるつもりで一緒《いっしょ》にやれば、これはある意味での「抑止力《よくしりょく》」にも十分なるのです。

アメリカは、軍事系や航空機系、宇宙系産業への日本の参入に対して、いろいろな障壁《しょうへき》をつくり、入れさせないようにしているところがあります。それは、日本の参入を認めると、自動車会社でやられたのと同じようになるだろうと思っているからでしょう。

ただ、同盟国としては、ちょっと恥《は》ずかしいのでないかと思います。この程度は、きちんとディベートのできる人がいなければいけませんね。

「アメリカは、同盟国として、ちょっと恥ずかしいのではないですか。アメリカの空母が出撃《しゅつげき》してきても、宇宙からまっすぐに落ちてくる中国のミサイルは防げませんよ。中国は、『アメリカの空母を貫通《かんつう》して破壊《はかい》する』と言っているので、日本にそのミサイルを撃《う》ち落とす技術を開発させておいたほうがよいのではありませんか」と、そのくらいは言わなければいけないでしょうね。

外国では有人飛行をだいぶやっているのに、日本は、無人のロケットを打ち上げて、失敗したり成功したりしているようなので、まだまだ恥ずかしいレベルだと思いますね。

ペーパーマネー経済は「仮想現実」の世界

やはり、日本は、お金の使い方を知らないですね。「国債は借金だ」と言ったって、基本的には〝紙くず〟なんですよ。もともと、そんなもの自体に価値はないんですよ。そのもの自体に値打ちがあると思われているのは、金やダイヤモンドなどです。

もっとも、それらも、人類が「値打ちがある」と認識したからそうなっているのであってね。「値打ちがある」と思わなければ、金にも値打ちはないし、ダイヤモンドだって、ただの石ころやガラス玉と変わらないんですよ。

ただ、まあ、それらは、もともと値打ちがあるものなんですが、「金本位制」はすでに消えましたし、「ダイヤモンド本位制」はそもそも成り立ちませんけれどもね。だけど、それで今、そういう不換紙幣《ふかんしへい》の時代、ペーパーマネーの時代に入ったのでしょう?

ペーパーマネーや電子マネーなどは、みな、ある意味での仮想現実なんですよ。だって、ペーパーマネーというのは、原価二十円の紙切れが一万円に化けるんでしょう? これは、みな仮想現実なんですよ。つまり、ある意味で、全部バブルなんですが、お互《たが》いの信用でもって成り立っているものなのです。これが嫌《いや》で、「実物経済だけが正しい」と思うのなら、縄文《じょうもん》時代に返らなければいけません。「自分たちがつくった石器や斧《おの》だけに値打ちがある」とか、「集めてきたどんぐりだけに値打ちがある」とか、そんな考えになりましょうかね。

信用の部分に関しては、二〇〇八年のリーマン・ショック等もありましたが、それで懲《こ》りてはいけないと思いますよ。やはり、再度、研究して、信用を増大させる方法を考えなければいけない。

特に、国債の九十数パーセントが国民のお金で運用されているのを見ただけで、これが間違っていることはよく分かります。要するに、外国資金をもっと入れなければ駄目なんですが、実は、政府系が、外国資金が入らないようにブロックし、投資できないようにしているのです。

今、中国が、日本のマンションや土地を買いたがっていますけれども、そうした中国の投資に対してもブロックに入っていますからね。

それは、もちろん、占領《せんりょう》される恐《おそ》れも十分にあるけれども、日本のマンションが値下がりしたら、向こうも経済的に打撃を受けるわけです。彼らが買いたがっているということは、まだ値上がりするということだし、値上がりするということは、

「今、経済成長がゼロないしマイナスになろうとしているところが、ややインフレ傾向《けいこう》になる」ということなのです。

日本の政府がインフレターゲットをつくらないのならば、外国に投資してもらえばいい。そうすれば、インフレの部分が出来上がってくるわけなので、これは投資させたらよいのです。

日本はまだ、いろいろな国に対して開いていないと思いますよ。日本人は、日本語を話せない人を信用していないのですが、これは、やはり、よくないと思います。日本語を話せる人をつくるか、日本人に英語力をもう少しつけさせるか、どちらかをしなければいけないでしょうね。

五年以内にGDPで中国を抜《ぬ》き返せ

そういう意味で、まだまだいろいろな未来はあるので、今、未来のビジョンを描《えが》きながらお金の使い道を教えてくれる人が必要なのです。

質素倹約だけに入って、「絹をやめて木綿《もめん》を着れば経済は立ち直る」と思っているなら、間違いですよ。旧《ふる》い頭脳ですよ。それを「倫理的《りんりてき》に正しい」と思っているなら間違いですよ。日本は、世界に誇《ほこ》れる付加価値のあるものをつくれなければいけないのです。

それに、円高ならば、今度は輸入経済をどんどん起こしていかなければならない。円の力を十分に発揮させなければいけない。円高で一ドル八十円ぐらいになったら、どんどん外国のいいものを買っていく力をつけなければいけないですね。

どうも、小さくまとまりすぎているところが、全体の問題ですね。だから、GDPで中国に抜《ぬ》かれたと言うのなら、抜き返しなさいよ。去年、抜かれたんだったら、例えば、「五年以内に抜き返す」というぐらいの政策を立てなければ駄目です。幸福実現党も、「五年以内にGDPで抜き返す」というぐらいの政策を立てなければ、やはり駄目ですよ。

もう一段、「国民を富ませる方法」を考える

未来性のある産業に投資する。

「単なるバラマキ」→目先の票集めのためのバラマキは、消えていくお金。
「単なる緊縮財政」→投資が減って、イノベーションが起きなくなる。

株価を上げる。

「株価を下げて所得の差をなくすのが善だ」
「国民を儲けさせるのは悪だ」
→株価が下がると、企業は資金調達がしにくくなり、新規事業が起きなくなる。

外国資金をしっかり使う。「経済鎖国」

→オイルマネー、中国マネー、ロシアマネー等を取り込むと、経済が大きくなるし、ある意味での「抑止力」にもなる。

輸入経済をどんどん起こす。

→円高の今は、円の力を十分に発揮させるべき。

↓

5年以内にGDP（国内総生産）で中国を抜き返せ！

「何十年か後には」などと言っていたら、どんどん差が開いていく可能性がある。だから、「五年以内に抜き返す」と言うべきです。

抜き返す方法は、ちゃんとあります。それは、外国資本を入れて投資させ、経済を大きくしていけばよいのです。「日本は借金が多い」などと言っているけれども、もっとしてもいいですよ。外国資本を入れる代わり、潰れたときには、日本人だけではなく、向こうも損をするんです。だから、もっと入れていいと思いますね。

日本は、やはり「経済鎖国《さこく》」をしていると思いますね。財務省や日銀等の頭が、残念ながら国際化していないと私は思います。

決裁スピードを上げ、もっと大胆《だいたん》な開発を

また、おかしいのは、日本ではリニアがまだ本格的に走っていないのに、中国の上海《シャンハイ》の辺りでリニアが走っているんでしょう？　これは本当におかしなことです

ね。中国でつくれて、日本でつくれていないというのは、おかしいですね。

日本では、開発や計画のところが非常に遅《おく》れる傾向があるからでしょうね。やはり、決裁スピードを上げ、開発速度を上げる努力をしなければいけないですね。

それから、ドラッカーさんも言っていたようですけれども、ビルの高層化のところがとても遅れているというのは、そのとおりでしょう（『もしドラッカーが日本の総理ならどうするか？』〔HS政経塾刊〕参照）。

「東京の夜景は、世界一美しい」という説もあるそうですが、それは、〝一軒家《いっけんや》の夜景〟なんでしょうね。二階建ての一軒家の夜景が、そんなに美しいのかどうか、私は知りませんけれども、外国で摩天楼《まてんろう》がたくさん建っている時代に、いつまでも一戸建ての家ばかりを都心に建てているというのは、やはり間違いだと思いますね。

これは、民主主義の履《は》き違えではないでしょうか。「個人のエゴを認めることが民主主義ではないのだ」ということです。やはり、もう一段、大胆《だいたん》な開発を考えないと、このままでは完全に後《おく》れを取りますね。

財政赤字など、今のところ、全然、心配はないと私は思っています。「何をするか」が大事であり、「未来につながるもの、未来の発展を生むものにお金を使うなら、問題はない」ということです。

それで、日本の経済が倍になれば、購買力《こうばいりょく》も倍になるわけですからね。そうなれば、外国のものだって買ってあげられるし、外国のものを買ってあげるということは、日本と取り引きをする国は経済発展するということなんです。だから、アジア諸国等を発展させるためにも、それは必要なことだと思いますね。

あとは、少子化問題等もあるとは思いますが、人間が人間を産むのを信用できなければ、徹底的《てっていてき》にロボットの開発をやってもいいと思いますよ。もう、ロボットにやらせたらいいんです。タクシーの運転手ぐらい、ロボットでできますよ。今、タクシーの運転手は、ほとんどカーナビで走っているんでしょう？　だったら、ロボットでもできますよ。

もうロボットの時代に入っているかもしれないから、人手が足りなければ、ロボットをもっともっと使ったらいいのです。

学校の先生だって、人件費がかかりますから、別にロボットでも構いませんよ。ロボットは、ご飯を食べないし、英語の先生などはロボットのほうがいいかもしれません。「事前にしっかりとインプットしておきさえすれば、発音もよく、教える内容もよい」というロボットが開発できるかもしれませんね。

そのように、ロボット産業等で、もう一段、差をつける手もあるかもしれませんね。

規制を最小限にし、自由の領域を広げよ

政府は、財政赤字と言っていますけれども、これはもう、いつもの口癖《くちぐせ》であり、江戸時代から続いている言い方です。「まもなく幕府が潰れるぞ」と言っているのですが、別に潰れても構いません。新しい幕府をつくればよろしいのです。

やはり、「経済開国」をしなければいけない。要するに、官僚《かんりょう》たちは、自分たちの権限で統制をかけられるようにしておきたいんですよ。そのために、日本国民だけのマネーにしておきたいわけです。そうすれば、自分たちの言うことをきくからね。

しかし、インターナショナルなマネーゲームになってきたら、もう、掌握《しょうあく》できなくなり、押さえられなくなるので、彼らは嫌がるのです。だから、日本は、本当の意味での国際都市になっていないんですね。まあ、彼らの頭の中身が、それだけ後れているということでもあろうと思いますがね。

ただ、私は、日本は意外に強いと思いますよ。円高になっても、まだまだ経済は底堅《そこがた》いし、これだけ政権がダッチロールしても、まだ国がもっていますから、そうとうなものだと思う。首相がいなくても、おそらく、もつと思いますので、日本には、本当の意味での議会制民主主義が要《い》らない可能性は高いのではないかと思いますね。

とにかく、行政速度と開発速度は連動していますが、すべてのものをスピードアップして、自由の領域を広げていくようにしていったほうがいいと思いますね。

その代わり、あとで問題が起きても、開発を認めた役所を責めるようなことは、あまりしないようにすることが大事です。

それから、価値判断のレベルについても、日本は国際的に疑いを持たれています。「農業が大事か、ムツゴロウが大事か」みたいな戦いをいつもやっていますが、もうほどほどにしないと笑われますよ。このへんは、大きな判断をしなければいけませんが、それは、おそらく、国のトップが判断するようなレベルではないでしょうね。私は、そう思います。

特に、政治家のところは、やはり選挙で選ばれるのでは、なかなか一流の人は出てこないですね。みな、落ちるのは嫌だし、今の仕事もできなくなるからね。日本には一流の人材はいると思うんですが、まず選挙には出ないですね。そうとう嫌なことをさせられる可能性があるのでね。

このへんを、もう少しどうにかしなければいけないし、実際は、マスコミがほとんど自分たちで政治家を選べるようになっているんでしょうけれどもね。

あとは、法律で全部やろうとするのも間違いだと思いますよ。国会議員を政治家と呼んでいるけれども、国会議員は、ローメーカー（法律をつくる人）というんでしょう？「法律をつくる人」が、どうして政治家なのか、やはり疑問はありますね。

法律というのは、やはり最小限でいいんですよ。法律をつくればつくるほど、動きが悪くなってくる。つまり、法律は、基本的に規制をかける方向にできてくるので、最小限でいいんです。法律がないものについては自由にやっていいわけですからね。

だから、政治家が法律をつくるほうの仕事ばかりするんだったら、ややエネルギー的には無駄なところがあるような気がしますね。

そういう意味では、中国などは、「日本は後れているなあ」と思って、高笑いしているのではないかと思います。

新しい「経済の担《にな》い手」をつくり出せ

あなたの質問に対する答えになったかどうかは知りませんけれども、「実体経済なるものは、実際にはない」ということです。現代においては、「ない」と思ったほうがよいのです。すべてが、実体経済ではなく、「信用できるかどうか」ということだけで成り立っているんです。

確かに、信用できる経済をつくることは大事ですが、実体経済というものについて、「つくったモノによる経済だけが本物だ」という考え方を持つならば、原始時代に返っていきます。だから、すべては実体経済ではなく、「信用の範囲がどこまであるか」ということで考えているわけですね。

日本の国民が、投資を渋《しぶ》り、お金を出さない理由は、「国民を儲けさせよう」という考えが政府にないからです。基本的にはね。「働かずして儲けることは、悪いことだ」というように考えている気《け》があります。

だから、日本でやっているのは、「ジャンボ宝くじ」ばかりですよね。宝くじ売り場には並んでも構わないし、パチンコ屋に行くのも構わないのでしょうが、それ以外には、国民を儲けさせるものはあまりありません。

つまり、「まっとうな事業に投資して、利益をあげる」ということを、何か認めない感じが非常に強いのです。しかし、はっきり言って、宝くじで何億円も儲けるほうが、むしろ不健全ですよ。私はそう思います。未来性のある産業に投資をして、「株価が二倍になって儲かった」というほうが、私はよほど健全だと思いますけれどもね。

これは、役人たちが経済原理を知らないということが、やはり大きいと思いますね。その意味では、幸福実現党も、「国民をもっと儲けさせる経済原理をつくる」ということを、しっかりと考えたほうがいいし、「ついでに外国人にも儲けさせてやる」というぐらいの経済の開き方をしなければ駄目だということです。そうしなければいけないと思いますね。

現実に、経済鎖国状態、金融鎖国状態は、明らかにある。それは、役所が、「自分たちの統制下に置きたい」という気持ちを強く持っているからです。

基本は、みな「江戸の三大改革」の方向に戻《もど》っていくけれども、あれは全部失敗したのだということを忘れてはいけない。三大改革は全部失敗し、結局、幕府の瓦《が》解《かい》までつながっていったんですからね。やはり、新しい経済の担《にな》い手をつくり出さなければいけないということですね。

「大きな政府」を目指す政治家など要《い》らない

基本的に、政府は「小さな政府」でよいと思います。公務員系の仕事があまり増えるのはよいことではないので、マインドとして、民営化できるものは、極力、民営化していったほうがいいと思いますよ。
先ほど述べた、国の防衛についても、全部公務員系でやらなければいけない理由はないので、民間の警備保障があるのと同じように、民間の防衛保障があっても構わないということですね。民間会社で防衛をしても、別に構わないわけです。そのへんを考えておいたほうがいいでしょう。
そういう意味で、これからは、「大きな政府」を目指す人は政治家になってほしくないというのが基本ですね。

湊　ありがとうございました。それでは質問者を交替《こうたい》させていただきます。

諸葛孔明　そうですか。

Chapter 3

本物の人材を生み出すために

1 この国に足りないのは「エリート教育」

城取　諸葛亮孔明先生、本日は、このような機会を賜《たまわ》り、まことにありがとうございます。私《わたくし》はＨＳ政経塾の城取と申します。

諸葛孔明　うん、うん。

城取　私《わたくし》は、小学生のときに『三国志』に触《ふ》れ、英雄豪傑《えいゆうごうけつ》に憧《あこが》れていた一人です。特に、劉備玄徳《りゅうびげんとく》先生と孔明先生のお二人からは、いろいろなことを学ばせていただきました。本当に感謝しております。

諸葛孔明　うんうんうん。

日本の投票型民主主義をどう見ているか

城取　私《わたくし》からは、「人材」という観点で、お訊《き》きしたいと思います。

先ほども話が出ましたが、政治には、やはり人材が必要であると考えます。

例えば、『三国志』の時代には、在野《ざいや》に人を求め、トップ自らが探し歩くということがありました。実際、孔明先生も「三顧《さんこ》の礼」で迎《むか》え入れられていたと思います。

しかし、現代は、投票型民主主義になっていて、「政治家の資質を持っていたとしても、必ずしも選挙で選ばれない」という状況《じょうきょう》になっています。

そこで、本当に志のある人間が、もっと政治の世界で活躍《かつやく》できるようにするためには、どうすればよいのでしょうか。選挙制度の改革を含《ふく》め、何か画期的なアイデアがございましたら、ご教示《きょうじ》いただければと思います。

諸葛孔明　うーん。ただね、近づいていると思うよ、私はね。

先ほど、「ムバラク大統領が、三十年間、独裁政権を続けている間に、日本の総理は十八人も替《か》わった」と言ったけれども、この回転速度はかなり速いよ。

要は、人がいないだけのことだが（会場笑）、回転速度がかなり速いので、見切りは早い。つまり、「この人は駄目《だめ》だ」と見切るのが、ものすごく早くて、これは、世界最速に近いよ。アメリカよりも速い〝高速回転民主主義〟であることは間違《まちが》いない（会場笑）。だから、可能性がないわけではない。

ある人を持ち上げても、一年もたたないうちに叩《たた》き落としますからね。その意味では、高速回転民主主義だと思います。

だから、人材がいないだけなんだ。本当に、人材がいないんだと思うんです。「替えても替えても駄目だ」というのが基本になってしまっているわけですね。

日本の教育は「生産性」が非常に低い

それはね、やはり、基本的に、「学校の勉強が、駄目だからだ」と私は思うんですよ。

日本のエリート教育は足りていません。いちおう、「高校まではゼネラルに勉強させ、大学から専門がある」ということにはなっているけれども、どこかの学部で勉強したぐらいでは、現実に、この日本の国の政治など、できはしないんですよ。もう一段、幅広《はばひろ》い教養や視野を持った人間が要《い》るのであって、実は、この程度の勉強では足りないのだということです。

さらに、大学の上に大学院がありますが、日本の場合、「大学院に行っても賢《かしこ》くならない」という現実があるわけですね。

アメリカの大学院のほうが、まだ少し使い道があります。というのは、アメリカの場合、大学を卒業して何年か実務に就《つ》いた方々が、さらに理論研修をするために、大学院に帰ってくるからです。実際に仕事をしている人が勉強を教わりに来ているので、授業で実用性のないことを教えたら、みな聴《き》いてくれませんよね。そのため、大学院には、ある程度、そういう実体験のあるような先生が来ているわけです。だから、日本よりも、ちょっとは効《き》き目がある。

一方、日本の大学院の場合は、大学の先生が、そのまま格上げになった人がいるだけで、先生同士、お互《たが》いに分からない状態でやっているわけですよ。

特に、教育学の大家《たいか》というか、教育学の先生のような人たちは、実際には、小学校や中学校、高校で教育実習をしていない人が、ほとんどなのです。

つまり、「大学で教育哲学《てつがく》のようなものをフニャフニャとやっていたり、古典を読んだりしているだけで、実際に、『小学校や中学校、高校で教える』という実践《じっせん》経験のない人」が、教育学を教えているから駄目なんですよ。

しかし、学生のほうには、アルバイトで塾の先生とかをやっている人もいて、

「教えた経験のある人を、教えた経験のない人が指導している」というような状況もあるわけです。だから、教育学も、生産性が非常に低いんですよ。

教育学一つとってもそうですが、ほかのところでもそうでしてね。それぞれの学部で単位を取るのに精いっぱいになっていますけれども、そんなものでは、間に合わないのです。

要するに、幾《いく》つかのジャンルについて、専門性を持ったところまで勉強させないといけないわけです。

ＨＳ政経塾も、そういう目的を持って、今、つくられていると思いますよ。あなたがたは、別に仕事はないんでしょう？　給料（研修費）をもらっていても、勉強するだけで構わないんでしょう？　ありがたい話じゃないですか。そういうものが、少しは要るんですよ。

だから、もっとゼネラルに勉強しないと駄目です。「政治家の素質のある人がいない」とは言いませんが、これは、人材の質の問題なのです。

もっと個性的な「自己開拓《かいたく》」「自己鍛錬《たんれん》」を

日本の教育体系のなかでは、「ストレートに進学し、卒業していくのがよい。それも、早く卒業するほどよい」と、単純に言われているため、途中《とちゅう》で脇道《わきみち》に入って、転部したり、外遊したり、いろいろなことをしていると、だいたい就職で不利になり、フリーターになってしまう。（司会に向かって）あなたは、非常に反応していますね（会場笑）。

日本では、まっとうなコースを歩まなかった人は、そのあと、まっとうに扱《あつか》ってもらえないケースが多いんですが、本当の意味で役に立つ人材というのは、個性的な自己開拓《かいたく》というか、自己鍛錬《たんれん》をしている人が多いのです。要領よく最短コースで学校を出たからといって、使い道がないんですよ。

例えば、最近、麻生《あそう》さんとか、鳩山《はとやま》さんとか、日本の大学を出てスタンフォード大学に留学したような人が、二代続けて首相になりましたが、仕事が全然できないのを見てしまいましたね。だから、実務経験と学問の勉強とが、あまり離《はな》れすぎているのと駄目なのです。

また、日本には、経営ができないことを自慢《じまん》にしているような経営学の先生が、たくさんいると思いますが、実際に、経営をしたことのある人を教授に据《す》えたほうが、やはり、迫力《はくりょく》はあるでしょうね。要するに、経営をしたことのない人が、過去のことを分析《ぶんせき》し、それを教えているだけのことが多いわけです。

もう一段、何と言うか、「出戻《でもど》りをしたり、脇道に入ったり、いろいろしながらキャリアを付けてくることを評価するカルチャー」をつくらないといけないでしょうね。

日本は、〝入口文化〟あるいは〝出口文化〟が強すぎて、「どこに、どう入ったか」「そこを出たときに、どうだったか」ということで人材を判定します。要するに、「入ったときの知能判定」と「出たときの知能判定」のようなものだけで、人材を判定する気《け》が非常に強いですが、この判定の仕方は、第二次大戦で、日本が敗れたやり方です。日本軍は、陸軍士官学校や海軍兵学校の卒業年次や成績で、人事を決めていて、実力主義ではなかった。特に海軍のほうが、それが原因で米軍に敗れましたよね。

一方、アメリカのほうは、能力のある人を、もう何段跳《と》びかで、どんどん引き上げていきました。司令長官までパーンと上げていっています。わずか三年半の戦いでしたが、この間《あいだ》に、能力のある人は、先輩《せんぱい》を抜《ぬ》いてどんどん上がっていきました。しかし、日本のほうは、あくまでも卒業年次にこだわって、人事をやっていましたね。その体制がまだ残っているわけです。

一九九〇年のバブル崩壊《ほうかい》以降、それに対する信用度は落ちていますが、かといって、それに代わる物差しは、まだはっきりとは出ていないんですよ。信用を失っているけれども、別の物差しが出ているわけではないですね。

では、「私立なら、国立と全然違う遺伝子を持っていて、民間的な、役に立つ活力があるのか」と言えば、そんなことはありません。私立のやっていることは、国立がやっていることを、多少、手抜きしたようなレベルですね。要するに、「国立は、受験科目が五教科だが、私立は三教科でいいよ」とか、「たまには一芸入試もあるよ」とかいう感じで、実はそれほど大きく変わりはしないんですよね。

「経験と知識の領域」を徹底的《てっていてき》に広げさせよ

やはり、人材をつくるには、経験と知識の領域を徹底的《てっていてき》に広げさせなければいけません。「将来、政治指導者や宰相《さいしょう》になる人間をつくろうとするのならば、その目的で、いろいろな経験を積ませなければいけない。知識的にも、さまざまな学問経験を積ませなければいけないし、行動的にも、外国体験なり、さまざまな職業体験なりを意図的に積ませなければいけない」ということですね。

つまり、まだ身分がない若いうちほど、学問の壁《かべ》を超《こ》えて、いろいろなものを勉強してほしいし、同時に、職業的にもいろいろなところに首を突《つ》っ込《こ》んでほしい。あるいは、できたら、外国にも首を突っ込んで、いろいろなところに行ってほしい。

まあ、HS政経塾は三年で卒業するのかもしれませんが、卒業後のインターンを考えておいたほうがいいですよ。政治家に立候補して落ちるでしょう？　そうすると、次の選挙まで何年か暇《ひま》じゃないですか。その間で経験が積めるように、ネクスト・カリキュラムをつくっておかないと駄目です。その間に、例えば、外国経験を積ませるとか、どこかの企業《きぎょう》での体験を積ませるとか、次のインターン部分を入れて見識を広げておかないとね。だから、「レールに乗っていればいい」というような考え方は、あまりよくないと思いますね。うーん。やはり、面白《おもしろ》い人間をつくっていったほうがいいですね。

とにかく、日本の人選びは高速ですよ。高速民主主義ですよ。これは、ほめられる。まあ、ほめていいのかどうか分からないけれども、単に、落ちこぼれるのが早いだけなのかもしれませんが、「この人は駄目だ」という判定は早い。とても早い。

日本には「エリート教育」が足りない

政治指導者になるには、幅広い教養と視野が必要。
そのためには……

1 知識

○ ゼネラルに勉強させる。
例：幾つかのジャンルについて
専門的に勉強させる。

2 経験

○ さまざまな職業体験を積ませる。
○ 外国体験を積ませる。

人材をつくるには、「知識と経験」を徹底的に広げさせること！

これは、世界に誇《ほこ》れる早さだが、いい人を選ぶ力はない。それが残念だ。入れ替わりがこれだけ早いのに、いい人が出てこないのは、「人材が手に入らない」ということでもあろうと思う。

鳩山さんにしても、知らないことがあまりにも多すぎましたよ。どう見てもね。みんな、「東大合格が五代も続いている秀才《しゅうさい》の家系だから、よほど頭がいいのだろう」と思っていたし、特に昔の人は、「頭のいい人は何をやってもできる」と思って〝信仰《しんこう》〟していたけれども、実はそうではないんですよ。頭がいいと、専門性が高くなりすぎ、その一つの専門分野に入りすぎて細かくものが見える反面、ゼネラルにものが見えなくなる傾向《けいこう》があるんですね。鳩山さんは、その典型だったと思います。彼は、あまりにも極端《きょくたん》なものの考え方をしましたね。だから、残念だけど、「分かっている」とは言えなかったと思います。

2　臥竜《がりょう》の時代をいかに生きるか

「人材」は必ず求められる

だから、まあ、選挙にエネルギーを奪《うば》われるのは非常に残念なことだけれども、首相の回転速度の速さから見れば、この日本の国には、まだ可能性が残っていると思う。いろいろな人を使い潰《つぶ》してはいるものの、人を発掘《はっくつ》する潜在力《せんざいりょく》はあると思うので、自らが「人材」でありさえすれば、必ず光が当たってくる。私は、もう、それは近づいていると思う。そんなに先のことではない。

したがって、「ほかの人に、どうPRし、認めてもらうか」ということもあるかもしれないが、まずは自分自身が人材になるべく鍛錬《たんれん》をすることが大事だね。

やはり「臥竜《がりょう》の時代」というのはあるんですよ。「人物」であれば、田舎《いなか》で引きこもっていても、人は「三顧《さんこ》の礼」を取って求めてくるんです。自分を売り込《こ》むことをそんなに考える必要はないのであって、いざというときのために、準備をしておくことが大事ですね。

「『天下三分《さんぶん》の計を立てなければいけないとき、国取りに立たなければいけないとき、あるいは、国が万一《まんいつ》のときにどうするか』。そういうことを考えている人材がいる」ということが大事なんです。

例えば、もしHS政経塾に行けば、そういう人材が幾《いく》らでもつかみ取りで採《と》れるんだったら、外からも求めてくるわけですよ。

世間は、ちゃんと見ていると思います。まだ、幸福の科学なり、HS政経塾なり、幸福実現党なりに、十分な信用はないかもしれませんが、もう、「自民は駄目《だめ》」「民主も駄目」となって来ているんでしょう? 次は、「みんなの党に人材がいるかどうか」ですね。あそこは経営者が多いから、「いけるかも」と思われて、今、ちょっと人気が集まっているんでしょうが、これも、もうすぐ飽《あ》きられる時代が来るからね。その次あたりを狙《ねら》っていないといけないと思うんですよ。

みんなの党が飽きられて、捨てられる時期が来るから、それに間に合うように、人材の養成に励《はげ》まなければいけないし、その基礎《きそ》としては、やはり、圧倒的《あっとうてき》なソフト力も持っていなければいけない。さっきも言ったように、「こういうときに、どうするか」というものを準備しておくことが大事ですね。そのなかには、公開するものもあるけれども、非公開で練っているものも要《い》るかもしれません。

そのように、外から求められる人材をつくっておくことが大事ですね。だから、ＨＳ政経塾も、まあ、よろしいんじゃないでしょうか。

今、宗教としての幸福の科学も、ある意味で、そう見られてきていると思いますよ。「日本初の教養宗教」と言われているように、幸福の科学は、いろいろなことが学べる宗教になってきつつあるので、まずは、自らをつくり、人に求められるぐらいの人材になったほうがいい。そんなに安売りはしなくていいと思いますよ。

臥《が》竜《りょう》の時代を生きる心構え

①まずは自分自身が人材になるべく鍛錬する。

…自分を売り込むことを
そんなに考える必要はない。

②「国が万一のときにどうするか」を考える。

…やはり、
圧倒的なソフト力を
持つことが必要。

一つの専門だけでは指導者など務まらない

要するに、一つの専門だけでは、とてもではないけれども、もう、指導者は務まらない時代になったということだね。財界でも、ある業界で社長になったからといって、ほかの業界のことまで分かるとは限らないよね。だから、「ある業界で社長をやりながら、ほかの業界にまで関心を持っているような人材」が、実は必要なんですよ。

その意味では、経営者同士で勉強会等をやり、いろいろなことを学ばなければいけない時期が来るだろうね。

まあ、あなたがたの組織も発展すれば、おそらく、そういう機能も出てくるだろう。ＨＳ政経塾の延長上に、経営者同士で、もっともっと濃厚《のうこう》な勉強ができるようなものが、さらに、できてくるだろうと思いますね。

とにかく、回転速度が速いから、チャンスは必ず巡《めぐ》ってくる。だから、そのときのために、力を付けておくことが大事だと思います。中身があれば、必ず求めてきます。日本人は、それほど、ばかではない。三十年も同じ人に大統領をやらせるような国ではないので、その点は、大丈夫《だいじょうぶ》だ。安心していい。太鼓判《たいこばん》を押《お》そう。アメリカよりも速い。アメリカに唯一《ゆいいつ》勝っているのは、これぐらいかもしれない。宰《さい》相《しょう》の回転速度があまりにも速い。これはアメリカに勝っているね。

日本は、優秀《ゆうしゅう》な人かどうかを選別する速度がすごく速いので、優秀な人でも、せいぜい五年ぐらいしか総理をできないでしょう？　たまに五年ぐらいやる人がいますけれどもね。

アメリカであれば、普通《ふつう》、四年か八年かは大統領をやっていますからね。その間《あいだ》、替《か》えたくても替えれないでいるんでしょうが、ある意味で、日本人のほうが、非情と言えば、非情ですね。

まあ、あなたがた自身で、ソフト開発をしたり、経験を積むカリキュラムを開発したりしていかなければいけないね。うん。

城取　ありがとうございます。

諸葛孔明　求められる人材になりなさい。

城取　はい。

諸葛孔明　それが大事だよ。どこにいても必ず求められる。最後の答えを、みな求めてくる。「どこへ行けば、ファイナル・アンサーが得られるか」ということで、最後には来るからね。

物事にはすべて裏と表の両方がある

今、幸福の科学等はそうとう注目されていて、マスコミからも、網《あみ》を張られ、いろいろと見張られていると思う。一見それはマイナスに見えるかもしれないが、逆の面もあるわけだ。要するに、幸福の科学が天下取りをしたときのための、すなわち、政権に入って権力を握《にぎ》ったときのための下準備がすでに始まっているんだよ。

政治家になったら、マスコミは、洗いざらい、いろいろなことを調べてくるでしょう? そういう下準備がすでに始まっているわけだね。

普通の宗教にはする必要がないところまで、今、いろいろと下調べが始まっているので、マスコミのほうは、ある意味で、「幸福の科学が権力を掌握《しょうあく》するまでの時間は、もう、そんなにはない」と見ているんですよ。

だから、逆風に見えるようなこともたくさん起きるかもしれないけれども、それは、「政治家になった人が受けるべき試験を、政治家になっていない段階で受けさせられている」ということなので、ある意味でのエリート選抜《せんばつ》がすでに始まっているわけなんですね。

そのへんのことも自覚したほうがいい。世の中の物事にはすべて裏と表の両方があるので、マイナスのように見えて実はプラスであったり、プラスのように見えてマイナスであったりすることがあるのでね。

実は、「幸福の科学から出てくる人材が、日本を動かして、本当に大丈夫かどうか」ということを、みな、真剣《しんけん》に篩《ふるい》にかけて見始めているんですよ。

みんなの党の次あたりに、チャンスが巡《めぐ》ってくる

自民党の次に民主党が来て、今、その民主党も駄目だというのが、だいたい見えたね。どうせ、今の総理も交替《こうたい》して、民主党は延命しようとするでしょうが、自民

党のときと同じで、四人以上は無理ですよ。（総選挙せずに）四人以上の〝総理回転〟はできないので、民主党は、三人目、四人目で何とか粘《ねば》りたいところでしょう。まあ、そのへんで限界が来て、民主党には、もう、その次はないでしょうね。それで、自民党に戻《もど》るかどうかと言えば、それも「反対」であって、みんなの党あたりに、人がいるかどうかを見ているところでしょう。このあたりに、次の総理を物色《ぶっしょく》するでしょうが、ここにも人がいない。

みんなの党から経営者の人を出しても、「やっぱり経営者は経営者か。経営者に政治はできないか」と、こうなるだろう。なぜなら、全然、勉強していないからね。「経営の勉強はしているが、実は政治のところまで勉強していなかった」というのが、やがて、現実として出てくると思うよ。

だって、経営者は、自分の会社のことは一生懸命《いっしょうけんめい》に考えているけれども、「外交のことは考えていなかった」というのは、当然ありますよ。「法律の勉強はしていなかった」というのも、当然ありますよね。

だから、民主党の次は、みんなの党が試されて、そちらに行くと思うけれども、その次は、あなたがた幸福実現党やＨＳ政経塾系のほうに、「人材がいるかどうか」という点検が来ます。今、その下準備が始まっているので、そのへんの動きを注目して見てください。

例えば、幸福実現党であれば、党首の悪口が書かれ始めたら、「いよいよ近づいてきている」と思ったほうがいいですね。今はまだ書かれていないので、大したことはないけれどもね。

今、幸福の科学は、宗教としてだけではなく、いろいろな角度から光を当てられていて、人材層や考え方、「こういうときにはどうするか」など、いろいろなことが見られているわけです。ある意味で、「日本を動かす次のタスク・フォース、〝機動部隊〟が、ここにいる」と見られているので、それだけ賢《かしこ》くなければいけないと思いますね。

まあ、マスコミは、「偉《えら》い人を引きずり下ろす能力」と「大したことのない人を偉いように見せる能力」とを持っている。しかし、自分たちは偉くなれない。これがマスコミの本質ですね。自分たちは偉くなれないけれども、洗濯機《せんたくき》のような能力というか、落とす能力と上げる能力は持っているんですね。

ただ、そうは言っても、やはり、あなたがたの研鑽《けんさん》にかかっていると私は思いますよ。だから、ソフトの厚み、人材の厚みをつくっていくことが大事ですね。

「人を育てよう」という思いを持ち続けて、育てる努力をしていけば、人は育ってくるんです。ポテンシャル（潜在的な力）のある人はたくさんいるんですよ。そういう人に、水と肥料と日光を与《あた》えれば、ちゃんと育ってくるので、人材の厚みをつくることは大事だと思います。

日本の権力構造を担う「次の組織」たりえるか

それから、世間では、政治と宗教の分離《ぶんり》が当然のように考えられているかもしれないけれども、今、あなたがたは、それをぶち切りに入っていますよね。「政党として正当に認められないのであれば、それを逆手《ぎゃくて》に取って、宗教のままでやってしまえ」と言って、今、やっているんでしょう?

私は、そのくらいの開き直りでいいと思うんですよ。古代より、宗教のなかには、政治の機能があるんですから、これは異端《いたん》でも何でもないのです。

そういう政治はありえます。世界には、分離した国もありますが、分離していない国だってあるわけですから、どちらが成功するかは、やってみないと分からないですよね。そういう意味で、文明実験をやっているわけです。

何か法律でもつくられて、徹底的《てっていてき》に縛《しば》られ、「分離させなければ許さん」というところまでやられたらしかたがないけれども、そこまでやられない間は、堂々とやって構わないと私は思いますよ。

現にイスラム教国は、どこも信仰《しんこう》と政治が一体化しているし、経済まで一体化していますからね。それでも、それなりに強いですよ。けっこう、強いことは強い。

日本だって本当は強いですよ。だから、可能性として、まだまだ分からない。アメリカ型も、少し衰退《すいたい》しかかってきているしね。うん。

幸福の科学は、今、宗教の一つとして、面白《おもしろ》がられて見聞されているのではなく、「日本の権力構造を担《にな》う、次の組織たりえるかどうか」という目で日本全国から見られています。そのことを忘れてはならないと思いますね。

だから、ここで「帝王学《ていおうがく》」を学び、本当の「宰相の学」を学び、さらに、「本当に、国を富まし、国民を守る力」を持てるかどうかだね。これが、やはり、いろいろと試されているところだと思いますね。今、あらゆるチェックをくぐり抜けなければいけないと思います。

ただ、「そのとき」は、意外に近づいていると思いますね。

例えば、週刊誌などに、「立木《ついき》党首、不透明《ふとうめい》な五千万円の使い道!?」とかいう見出しが出始めたら（会場笑）、それは、もう、かなり権力に近づいていることを意味するわけですよ。

「自宅の裏に怪《あや》しげなキャベツ畑があって、これは節税対策をしているのではないか」と（会場笑）。まあ、冗談《じょうだん》ですが、例えば、そのようなものが出るようになったら、いよいよ、それは警戒《けいかい》されている証拠《しょうこ》だね。また、ある意味では、実験もされているので、それを乗り越《こ》えていかなければいけない。

まあ、いろいろな〝弾《たま》〟を撃《う》たれるけれども、それを乗り越えて前進していき、敵陣地《じんち》を〝攻撃《こうげき》〟して、〝攻略〟しなければいけないね。

国民の意思から言えば、誰《だれ》だって、本当は、中国や北朝鮮《きたちょうせん》やロシアに占領《せんりょう》されたくはありませんし、没落《ぼつらく》だってしたくはありませんよ。

結局、国民は、「それに対して答えを出すのは、どこなのか。それをやってのけられるのは、どこなのか」を求めているんですよ。だから、自分たちをそこまで鍛《きた》えておけば、おのずから歯車は回ってくると考えていいと思いますね。

曹操《そうそう》のように「人材を求める心」を持ち続けよ

もう一つ、「人材を集める心」を持ち続けることが大事だね。

曹操《そうそう》は、自ら兵法書を著《あらわ》しながらも、戦争ではけっこう負けているんですけれども、人材を求める心だけは、すごいですよ。求め求めて、敵であっても、「あいつは欲しい。生け捕《ど》りにしろ!」って言うような人でしょう? 敵将でも「欲しい」と思ったら、何度も贈《おく》り物をしたり頼《たの》んだりして、何とか口説《くど》こうとしていましたよね。あの、人材を求める心が、魏《ぎ》の国をあれだけ強くしたんだと思う。最終的には、魏から晋《しん》になって中国を統一したけれども、もとは、そこにあると思うね。

ある意味では、「諸葛孔明現れて、曹操の天下統一を妨《さまた》げた」という面はあるかもしれませんが、私のほうは雇《やと》われ軍師でありましたので、やはり、「主君の家系に、優秀な方が連綿と続いてくださらなかった」というところが、残念ではありましたね。もし、二代目、三代目に俊英《しゅんえい》が出ておれば、あるいは、魏の国を滅《ほろ》ぼして、統一をかけられたかもしれません。残念ながら、血統主義があったので、うまくいかなかった面はありますね。

3　幸福の科学グループに期待する

いずれ、十倍、百倍の力が出てくる

諸葛孔明　ただ、全体的に見て、私は、「幸福の科学は、人材を育てるのがそれほど下手《へた》ではない」と思います。普通《ふつう》の人を、けっこう人材に変えていくので、これはすごいですよ。こういうところは、ほかの宗教でも、会社でも、そんなにはないと思いますね。

普通の人というか、ありふれた人に、役職をポンと与《あた》えて大胆《だいたん》に任せ、仕事をやらせていく。そして、それが、どんどん大きく広がっていこうとしているんでしょう？　これは、それなりにすごいところがありますよ。その成果は、やがて、はっ

きりと見えてくると思います。

だから、人材を養成する力があれば、組織は大きくなります。そして、宗教ではできないことも、やがて、できるようになる。

幸福の科学は、今、何種類ものことをやっていますが、実は、全部が蕾《つぼみ》の状態でしょう？　それらは全部大きくなっていくものなので、潜在力《せんざいりょく》としては、ものすごいものがあります。いずれ、今の十倍、百倍の力が出てくると思いますね。

おそらく、今、「幸福の科学グループのなかでやっている文明実験が、成功するかどうか」を見られているところだと思うんです。

「ここで見事に実験が成功して、国家レベルにまで大きくできるか」、あるいは、「世界のリーダーになるところまで広げられるか」ということをやっているんでしょう？　例えば、幸福の科学学園には、「次の世界のリーダーを育てる」というところまで、思いが入っているんでしょう？　その方向に着実に動きつつあるわけです。現実にはね。

だから、まず構想があり、そちらのほうに進んでいくうちに、一世代もすると、だんだん、そのようになっていきますから、そのへんをよく考えて、先々のことを読まなければいけない。

マスコミに対して、「報道が足りない」とか、「選挙のとき敵のほうばかり応援《おうえん》した」とか、いろいろな言い方があると思うけれども、「では、幸福実現党の党員なり党首なりが、今すぐ大臣なり総理大臣なりをできるのか」と言われたら、そうは言っても困ると思うんですよ。

やはり甘《あま》えはあると思う。だから、批判しながらも、常に、「自分はできるのか」という観点から、物事を考えていく姿勢を持たないといけない。批判のための批判をするような野党なら、政権を取ったときに、民主党と同じような惨《みじ》めな結果が必ず出ますからね。やはり、そこまで考えていることが大事ですね。

今、中国政府も、幸福の科学を注目して見ている

でも、幸福の科学は日本のなかで非常に異彩《いさい》を放っていますし、目の利《き》く中国人たちは、今、幸福の科学に注目しています。中国人から見ると、日本から学ぶものは、一部の科学技術以外はほとんどないんだけれども、幸福の科学という思想集団が出てきたことを、今、非常に注目して見ているんですよ。

これは、民間レベルだけではなく、実は中国政府のレベルでもそうです。あなたがたは、中国政府というと、すぐ捕《つか》まえられて拘置所《こうちしょ》行きになると思っているかもしれませんが、そんな目では見ていないですよ。「これが、次の日本を動かすかもしれない」と実は思っていて、もう、はっきりと〝ポスト創価学会〟と見ていますね。だから、扱《あつか》いは、おそらくそれほど悪くならないと思いますよ。彼らは、戦略的なので、幸福の科学との関係を長期的に構築しようとして来るはずです。

こちらで、「防衛上こうすべきだ。ああすべきだ」と言って、中国を仮想敵のような言い方をしていても、それでカッと来るほど、子供ではない。向こうは、もっと大人です。幸福の科学の実力を全部見た上で、判断しているのであって、日本の政府やマスコミよりも、ある意味で、大人です。

彼らは、数十年単位で見ています。二十一世紀は、幸福の科学の時代になることぐらい、もう十分に読んでいます。したがって、彼らは、今、「幸福の科学と、どの段階で、どの程度のかかわりを持つか」ということを考えていますよ。

あとは、ロシアですね。ロシアのほうでも、教団としての伝道など、もう少しルートをつくらなければいけないし、そのためには、人材を求めなければいけないでしょうね。

大丈夫《だいじょうぶ》ですよ。私が今まで言ったようなことを、いちおう基礎《きそ》に置いてやっていけば、だいたい大丈夫です。日本に人材がいるかぎり、決して、潰《つぶ》れはしません。大丈夫です。

城取　本日は、本当にありがとうございます。

ただただ己《おのれ》を磨《みが》き続けることに専念せよ

諸葛孔明　人材になりなさい。人材にね。

城取　はい。ありがとうございます。

諸葛孔明　大臣ぐらい楽にこなせるようにならなければいけないですよ。

城取　はい。

諸葛孔明　そのときのための用意をしていかなければいけない。次の次にチャンスが回ってくるからね。それは、「次の次ぐらいで政権に加われるように、準備に入らないといけない」ということです。そんなに十分な猶予《ゆうよ》はありません。

あなたがたは、今、日本のなかで、ものすごく異彩を放っています。はっきり言って、これだけの人材群がいるところはないのです。だから、これをやはり実力に変えなければいけないと思いますね。そして、シンクタンクとしても十分に力を発揮してほしいですね。

城取　HS政経塾生一同、本日頂いた教えを学び、精進《しょうじん》に精進を重ねて大人物になってまいります。どうぞ、よろしくお願いいたします。

諸葛孔明　ええ。幸福の科学学園の学園生は、第一期生にすごいプレッシャーがかかっていると思うが、あなたがたにもプレッシャーはすごくかかっていますからね。あなたがたの活躍は大事ですし、あなたがたのあとも、やはり、連綿と人材を出していかなければいけませんね。

人々は、自分たちを本当に磨《みが》いてくれるところ、伸《の》ばしてくれるところに、必ず集まってきます。中身がよければ、必ず集まってくるのです。したがって、ただただ己《おのれ》を磨き続けることに専念すべきですね。

そして、企画《きかく》・提案すべきことがあれば、自分たちでカリキュラムをつくっていくぐらいでなければ駄目《だめ》だと思いますね。

江夏　孔明先生、本日は本当にありがとうございました。

諸葛孔明　頑張《がんば》りなさい。

江夏　はい。

諸葛孔明　大いに期待していますから。

江夏　はい。頑張ってまいります。

大川隆法　（諸葛孔明に）ありがとうございました。

うーん。さすがに、いろいろなことをよく知っていますね。勝海舟《かつかいしゅう》は、いつごろ死んだのかな？　生まれ変わるには、まだ少し早いですか。勝海舟は長生きしたから、まだ生まれ変わらないかもしれません。

でも、吉田松陰《よしだしょういん》とか勝海舟とかも、そろそろ、出てくるかもしれないころですね。日本が新しい国づくりをしなければいけないのなら、これから生まれてくるか、あるいは、現在、子供でいるか、というところでしょう。それは、分かりませんが、そろそろ出てくるかもしれません。まあ、そういう時期も来るでしょう。

私たちとしては、とりあえず土台をつくらなければいけませんね。今の方向は、あと十年で固まると思います。それぞれのところが、すべて拡大していく方向ですが、ＨＳ政経塾も、その一翼《いちよく》を担ってほしいと思いますね。

ぜひ、松下政経塾よりも有名になってください。

あとがき

本書で国防・外交政策の基本政策が出ていると思う。東日本大震災が起きても、基本路線は変わらないどころか、国防・外交の重要性は一層高まってきている。あとは、勇気と気概を持った本物の人材が現代日本に続々と出現することだ。

「もし諸葛孔明が日本の総理ならどうするか?」

答えは、孔明であっても、中国に対してはこう考えるということだ。『幸福実現党』、そして、プロの政治家・財界人の養成所である『HS政経塾』。未来のための、救国の種子は、すでに大地にその生命《いのち》を植え込まれているのだ。

二〇一一年　五月十二日

幸福《こうふく》の科学《かがく》グループ創始者兼総裁《そうししゃけんそうさい》
HS政経塾名誉塾長《せいけいじゅくめいよじゅくちょう》　大川隆法《おおかわりゅうほう》

『もし諸葛孔明が日本の総理ならどうするか？』大川隆法著作関連書籍

『もしドラッカーが日本の総理ならどうするか？』（ＨＳ政経塾刊）

もし諸葛孔明《しょかつこうめい》が日本《にほん》の総理《そうり》ならどうするか？
――公開霊言　天才軍師が語る外交＆防衛戦略――

2011年6月7日　初版第1刷

著　者　大《おお》川《かわ》隆《りゅう》法《ほう》
発　行　ＨＳ政経塾
〒141-0022 東京都品川区東五反田1丁目2番38号
TEL(03)5789-3770
発　売　幸福の科学出版株式会社
〒142-0041 東京都品川区戸越1丁目6番7号
TEL(03)6384-3777
http://www.irhpress.co.jp/
印刷・製本　株式会社 堀内印刷所

落丁・乱丁本はおとりかえいたします

ISBN978-4-86395-106-8 C0030
Illustration: 水谷嘉孝
Photo: Qurren / 時事［海上自衛隊提供］

人生の大学院として、理想国家建設のための指導者を養成する

HS政経塾

HAPPY SCIENCE INSTITUTE OF GOVERNMENT AND MANAGEMENT

■HS政経塾とは

幸福の科学　大川隆法総裁によって創設された、「未来の日本を背負う、政界・財界で活躍するエリート養成のための社会人教育機関」です。既成の学問を超えた仏法真理を学び、地上ユートピア建設に貢献する人材を輩出する「現代の松下村塾」「人生の大学院」として設立されました。

大川隆法名誉塾長

「HS政経塾」の志とは

HS政経塾の志をあえて述べれば、「現代の松下村塾はここにあり」というところです。

松下村塾そのものも、山口県萩市にある遺構を見ると、非常に小さな木造の建物ですけれども、あそこから明治維新の偉大な人材が数多く出てきました。

やはり大事なのは規模や環境ではなく、志や熱意を中軸にして、各人の行動力や精進力に火をつけていくことなのです。

したがって、自分に厳しくあっていただきたいのです。あらゆる言い訳を排して、自らに厳しくあってください。自らを律し、自ら自身を研鑽して、道を拓いていただきたいと考えています。

（HS政経塾第一期生入塾式　講話「夢の創造」より）

カリキュラムの特徴

①仏法真理の徹底教学

週に一度のペースで公案研修を行い、大川隆法名誉塾長の理想を魂に刻みます。

大川隆法名誉塾長の経典、法話、公案を徹底的に参究し、仏法真理の優位性と、名誉塾長の描かれる理想国家ビジョンを腑《ふ》に落とします。

②専門知識の習得

経済思想の講義の一コマです。塾生のレポート（一部）はホームページ上で発表しています。

自学自習を原則としながら、専門家や識者を招いての講義も行います。

1年目は、政治思想、経済思想、国際政治の基礎をマスターします。2年目はフィールドワークも交えた政策研究を行い、新たな政策提言を行います。

③政策実現のための実践力を身につける

3年目までに自らのライフワークを決め、政策実現のための知識と実務能力を身につけます。また、伝道、献本などの宗教活動、政治活動などに取り組み、政治家としての行動力や実践力を鍛えます。

定期的に辻立ち、街宣活動などに取り組んで、政治家としての実践力を鍛えています。

④政治家としての総合力の養成

切れ味鋭いディベート能力、日本の歴史や文化などに関する幅広い教養、海外人脈を構築できる高い英語力を身につけるとともに、体力、気力の鍛錬を通じて政治家としての総合力を磨きます。

書道、茶道、華道など、文化、教養を身につけるプログラムもあります。

富士山登山、フルマラソン大会出場などを通じて、心身の鍛錬を行います。

■塾生の一日

HS政経塾生の主な一日をご紹介します。
※この他にもさまざまなプログラムがございます。

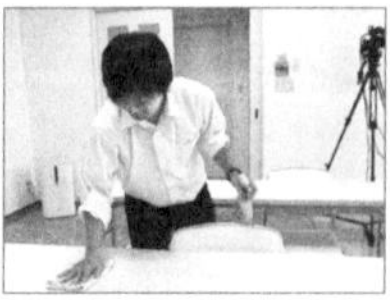

8:30　作務

作務は自分の心を見つめる修行です。研修施設を使わせていただくことへの感謝を込めて、隅々まで磨き込みます。

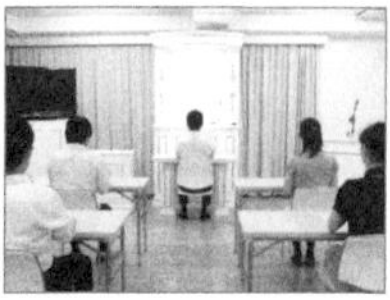

9:00　朝礼

研修をご指導くださる主エル・カンターレ、大川隆法名誉塾長へ、感謝と精進の誓いを捧げます。

9:45　公案研修

心を徹底的に見つめる公案や、リーダーの心構えや経営の秘訣が学べる公案などを参究します。智慧の言葉を心に刻み、理想国家建設の指針とします。

13:00　自習（レポート作成）

翌週の政治思想講義に向けて、必死に課題に取り組む塾生たち。1回の講義のために7、8冊分の本を読んでレポートを作成することが求められます。

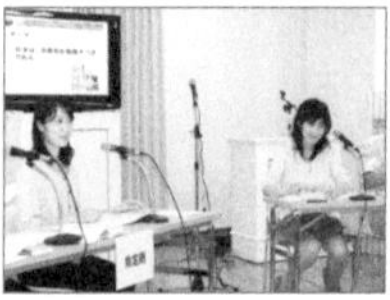

15:00　ディベート講義

講師を招いてのディベート講義で、論理的思考力や説得力を身につけます。実践的な講義で3時間があっという間です。

18:00　夕べの祈り／メディアチェック

メディアチェックでは、新聞や雑誌、海外メディアの気になる記事を各自が持ち寄り、意見交換をします。

■施設紹介

書籍コーナー

大川隆法名誉塾長の著書をはじめとし、政治、経済、経営、歴史など数千冊の良書と、主要各紙、各種オピニオン誌が揃っています。

視聴覚ルーム

大川隆法名誉塾長の法話ＤＶＤやＣＤ、報道番組のＤＶＤなどを自由に学ぶことができます。

塾生募集 ※2011年現在のものです。

国を背負うリーダーを目指す、熱き志ある方の応募をお待ちしています。

応募資格	原則22歳～32歳（入塾時）で、大学卒業程度の学力を有する者。未婚・既婚は問いません。
応募方法	履歴書と課題論文をお送りください。毎年、３月中旬ごろに第一次募集要項（主として新卒対象）、９月中旬ごろに第二次募集要項をホームページ等で発表いたします。論文、面接選考を通じて、５～10名程度の塾生を選出いたします。
待　　遇	研修期間は３年を上限とします。毎月、研修費を支給いたします。

公式サイト　hs-seikei.happy-science.jp
問い合わせは　hs-seikei@kofuku-no-kagaku.or.jp まで。

幸福実現党

平和への決断

国防なくして繁栄なし

大川隆法　著

軍備拡張を続ける中国。財政赤字に苦しみ、アジアから引いていくアメリカ。世界の潮流が変わる今、日本人が「決断」すべきこととは。

1,500円

震災復興への道

日本復活の未来ビジョン

大川隆法　著

東日本大震災以降、矢継ぎ早に説かれた日本復活のための指針。今の日本に最も必要な、救世の一書を贈る。

1,400円

この国を守り抜け

中国の民主化と日本の使命

大川隆法　著

中国との紛争危機、北朝鮮の核、急激な円高……。対処法はすべてここにある。保守回帰で、外交と経済を立て直せ!

1,600円

発行　幸福実現党
発売　幸福の科学出版株式会社

※表示価格は本体価格(税別)です。

大川隆法ベストセラーズ・**混迷を打ち破る「未来ビジョン」**

政治に勇気を

幸福実現党宣言③

第2章に孔明の提言（霊言）を収録

霊査によって明かされる「金正日の野望」とは？　気概のない政治家に活を入れる一書。

第１章　職業としての政治について
第２章　諸葛孔明の提言
第３章　迫り来る国難に備えよ
第４章　勇気の試される時
第５章　未来への道

1,600 円

幸福実現党宣言

この国の未来をデザインする

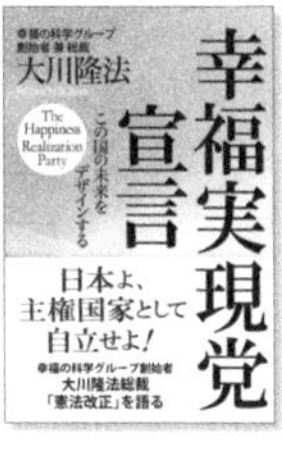

1,600円

政治の理想について

幸福実現党宣言②

1,800円

新・日本国憲法 試案

幸福実現党宣言④

1,200円

夢のある国へ――幸福維新

幸福実現党宣言⑤

1,600円

幸福の科学出版

HS政経塾

もしドラッカーが日本の総理ならどうするか？

公開霊言　マネジメントの父による国家再生プラン

大川隆法　著

◆豊かな社会を実現する、「小さな政府」をつくるべき
◆年金問題解決、農業復活へのヒント
◆若い人に夢を与えるには
◆ドラッカーなら中国とどのように付き合うか

1,300円

Chapter1 日本の政治に企業家的発想を
Chapter2 未来社会の創出へのヒント
Chapter3 今、日本の外交にいちばん必要なこと

発行　ＨＳ政経塾
発売　幸福の科学出版株式会社

※表示価格は本体価格（税別）です。